슬픔의 끝

슬픔의 끝

2025년 11월 19일 초판 1쇄 인쇄
2025년 11월 26일 초판 1쇄 발행

지은이 | 안연옥
펴낸이 | 孫貞順

펴낸곳 | 도서출판 작가
       (03756) 서울 서대문구 북아현로6길 50
       Tel | 02)365-8111~2 Fax | 02)365-8110
       Mail | cultura@cultura.co.kr
       Homepage Address | www.cultura.co.kr
       등록번호 | 제13-630호(2000. 2. 9.)

편집 | 손희 김치성 설재원
디자인 | 오경은 이동홍
마케팅 | 박영민
관리 | 이용승

ⓒ안연옥, 2025. Printed in Seoul, Korea.
ISBN 979-11-24095-12-6 03810

*본 사업은 2025년 원주문화재단 문화예술 지원을 받았습니다.

* 이 책의 판권은 지은이와 도서출판 작가에 있습니다. 양측의 서면 동의 없는 무단 전재 및 복제를 금합니다.
* 잘못된 책은 구입하신 서점에서 바꾸어 드립니다.

값 15,000원

한국디카시 대표시선

35

안연옥 디카시집

슬픔의 끝

작가

■ 시인의 말

끝이 아닌,
슬픔이 변주된 풍경을 담았습니다
눈물 한 방울이 땅에 떨어질 때
그 자리에 피어나는
작은 꽃의 이름을 부르고 싶었습니다.

슬픔은 끝이 없지만
슬픔을 견디는 우리는
매일 새로운 시작을 합니다
이 시들이 당신의 어둠 속에서도
빛의 흔적을 발견하는
도구가 되길 바랍니다.

2025년 가을
안연옥

차례

시인의 말

제1부

인디고의 심연 · 14

나침반 · 16

슬픔의 끝 · 18

미로 · 20

시간을 걷는 길 · 22

어느 때 · 24

매듭 · 26

이름 모를 꽃 한 송이 · 28

침묵의 무게 · 30

편지 · 32

뷰파인드 · 34

무서리 · 36

상심 · 38

호명 · 40

제2부

얼굴·44
소울메이트·46
숨의 경계·48
수포가 된 말·50
자정·52
그날 이후·54
시선·56
낯선 평화·58
쿼렌시아·60
위 내시경·62
기억의 정원·64
노스텔지아·66
저녁의 악보·68
알츠하이머·70

제3부

흔적·74

숲의 기억·76

침묵의 선율·78

어떤 화양연화·80

레이더·82

사우다지·84

오아시스·86

페르소나·88

파도가 멈춘자리·90

내면의 요새·92

텅빈 약속·94

신전·96

내안의 풍경·98

청춘·100

제4부

릴케의 장미 · 104

햇살의 귀환 · 106

꽃잎의 예식 · 108

우주 · 110

물의 얼굴 · 112

해방여정 · 114

봄 · 116

미완의 문장 · 118

여름 끝자락 · 120

묶음 · 122

빈 들녘 · 124

人生 · 126

끈 · 128

산책 · 130

해설 변용하는 정동의 풍경_오민석 · 132

제1부

인디고의 심연

어느 해였던가

봄의 뜰에서

슬픔이 통째로 걸려 펄럭인 적 있다

나침반

배웅하는 저녁과

맞이하는 아침

방향을 잃지 않고 둥글게 돌아온다

슬픔의 끝

떨어져도

다시 피어난 듯

물에 몸을 잠시 맡겨본다

미로

수없이 부딪히고 돌아서며

찾아낸 문 하나

그곳이 출구인지 입구인지도 모른 채

너와 나의 미로를 벗어난다

시간을 걷는 길

관람객이 된 바람

발걸음마다
안도 다다오의 손끝에서 산은 계절의 전시장이 된다

구름은 벽면을 흐르고 돌은 침묵으로 빛나는 뮤지엄산

어느 때

세상엔

완벽한 사람도

완벽한 인생도 없지만

문득

완벽한 순간이 피어날 때가 있다

매듭

봄마다 불려오는 이름들이다

우리는 잊지 않겠다 다짐하며
가슴마다 매달아 둔

아직도 풀리지 않은 슬픔의 리본

이름 모를 꽃 한 송이

사람의 발길은 떠났어도

시간의 틈에 남아

여전히 눈길을 끄는 매혹

침묵의 무게

말 대신

공중에 매달린 먼지 한 점

고요가 바람을 삼키며

갈라진 파도처럼 흩어진다

편지

문득

내 마음을 불러내는 풍경이 있다

그리움은 묻지 않아도 먼 곳의 안부로 읽힌다

뷰파인드

내 눈앞의 것들
혹은 눈앞의 사람들

사진 찍는 마음으로 바라보면
모두 정성스러워지고
눈앞은 웃음이 된다네

무서리

끝내 한낮까지 가지 못한 사랑

십일월의 가벼운 덮임 아래

더 이상 하늘엔
남아있는 색깔이 없다

상심

터질 듯 묵혀진 그 슬픔이
하늘로 스며들 때

가슴에 맺힌 빗방울 하나

호명

산울림에게
새들의 울음에게

돌을 연주하는 개울물에게
수많은 간주와 후렴에게

나는 내 이름을 불러주었다

제2부

얼굴

산산이 부서진 페르소나

그 틈새,
빛 속에 감춰진 진실이 드러나고

가면이 벗겨지는 순간 비로소 주연이 되지

소울메이트

가끔은 세상이 비좁아
한 영혼에
두 마음이 깃들기도 하지

서로를 닮은 이별처럼

숨의 경계

하늘과 맞닿은

여기, 라는 말도 알고 보면
바람이 잠시 멈춘 곳

결국 여기까지 왔다

수포가 된 말

큰 말은 삼키고

작은 말만 남은 자리

부르튼 입술이 말라간다

자정

기차가 천천히 속도를 늦춘다

지금은
한 장의 승차권으로
하나의 역과 맞바꿔야 할 시간

그날 이후

화려한 꽃잎이 져도
너는 여전히 빛난다

낙화 끝에 잇댄
초록의 시간으로

시선

눈을 뜨는 찰나
세상이 먼저 피어난다

봄은 언제나 눈으로 온다

낯선 평화

나이 듦이란

저녁 햇살에 기대어
비로소 고요를 배우는 타이밍

퀴렌시아*

태양을 끌어다 그늘을 만들고

그늘 속 의자 하나

내 마음의 귀향 자리

* 쿼렌시아(Querencia): 스페인어로 안식처

위 내시경

의사가 말했다

멀리 던져 버린 줄 알았던

고민 몇 개가

응어리로 남아 있다고

기억의 정원

나는 왜 늙고 병든
폐허의 엄마를 떠올릴까

왜 그 품에
묻히고 싶은 걸까

노스텔지아

수백 마리 나비

끝내 위로만 오르고 또 오른다

직선의 숨결로
햇살의 집결지를 향하는 자작나무

저녁의 악보

어디에도 없는 리듬

무수한 악보를 따라
너는 이미
온갖 노래를 불러왔는지도 모른다

알츠하이머

옛집은 단란하다

기억 속을 걸어 나오면서부터
낯선 얼굴이 되어가는 그 집

제3부

흔적

햇살이 나를 밀어내
먼 길 위에 세워 두었다

내가 아닌 나

잠든 어둠이 깨어나는 순간

너는 내 생의 페이지 끝을 넘어간다

숲의 기억

뿌리 내릴 곳 없는 발밑의 공허

바람은
잊혀진 계절의 파편만 흔들며 간다

침묵의 선율

나는 아름다운 악보를 찾아 헤맸다
어디에도 없는 리듬

클라리넷도
바이올린도
끝내 연주할 수 없는

어떤 화양연화

쇠락한 뿌리에 기대어

붉은 비밀이 피어난다

오래된 나무 곁에서 순간은 영원이 된다

레이더

새와 다람쥐, 자벌레가 포착하는
숲의 통신망

지구 밖,
잠시 외계의 시간

사우다지*

가을 잎 하나

벌판에 머물러 그대가 된다

그리움마저

내 마음의 안식이 된다

* 사우다지(Saudade): 포르투갈어로 그리움

오아시스

바람에 쩍쩍 갈라진 갯벌 위로
첫 물결이 스며든다

메마른 마음이
진흙처럼 부드러워진다

페르소나

한 겹 벗으면 또 한 겹

천천히 마스크를 들어 올리면
무대 위,

텅 빈 얼굴들

파도가 멈춘자리

바다는 신전을 세우고
제 몸을 비워 하늘을 비춘다

하늘은 제단에 빛을 부었다

내면의 요새

그대 목소리 내 혈관을 흐르는데
시간은 유리병 속에 갇혔어요

"모든 순간을 영원처럼 사랑하라"

텅 빈 약속

샛강의 물 소리 닮은

가느다란 마음 하나

너 떠난 쪽으로 끝내 풀려 간다

신전

풀은 계절을 삼키며 시들고

들판은 붉은 제단을 내려놓는데

사람은 무엇으로

무릎을 꿇는가

내안의 풍경

스쳐간 얼굴들은 내 거울 속 그림자였다

찡그림도 무덤덤함도
타인의 얼굴로 내 버려진 감정들도

거울 속에서 웃고 울고 있다

청춘

지나간 꽃들은 봄에 머물고

우린 끝내
그 봄에 닿지 못한 채

기다림 끝에서 설레듯 달아난다

가을 마음 바람

제4부

그리움

릴케의 장미

지면 위에 피어난 장미

잉크에 젖어 어둠을 삼킨다

글자마다 새긴 영혼의 무늬

고독이란 이름으로 그대 품에 안긴다

햇살의 귀환

뿌리의 물오름 소리
봄비가 두런두런 번져올 때

햇살 한 뭉치가
새순을 밀어 올린다

꽃잎의 예식

그곳은 화목한 집이었고

결혼식장이었으며

또한 장례식장이었고

겹겹의 슬픔이었으며 빛나는 행복이었지

우주

비로소 사람 구실을 하게 되었을 때

조용히 내게서 걸어 나가신 어머니

물의 얼굴

갯벌의 이력은

썰물이 지면 드러난다

수없이 단련된 개펄의 숨구멍

해방여정

지친 눈에

맨드라미가 피고 꽃게가 웅크리고

저녁 노을은

그렁그렁 눈빛에 머물고

봄

개나리 꽃잎 같은

소란스러운 꽃다지들

이곳저곳을 휘젓고 다닌다

미완의 문장

스위치를 끄듯

다하지 못한 말을 접어 두었다

여름 끝자락

매미들을 시켜

울음 다 쏟아 낸 나무들

이젠

후련한 듯 조용하다

묶음

기다림과 그리움 사이
버티는 저 견고함

닿지 못한 순간마다
그리움이 붉게 눕는다

빈 들녘

바람이 발자국을 쓸어낸 자리

황량한 들녘 위로
그대의 채취만 공중에 맴돈다

人生

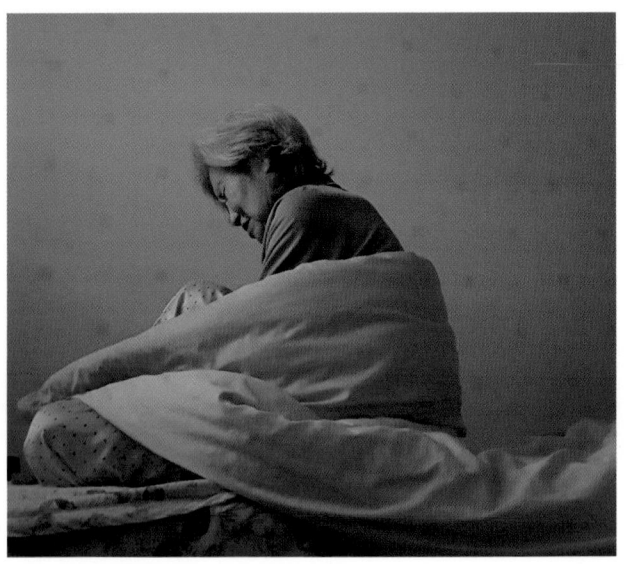

모든 배역을 마친

쓸쓸한 독거

심오한 우주의 비밀로 남는다

끈

한 사람 안에는
무수한 사람의 숨결이 얽혀 있다

보이지 않아도
살뜰히 이어진 관계

산책

발아래 깔리는 따듯한 노을

두 그림자
하나로 녹아드는 해질녘

| 해설 |

변용하는 정동의 풍경

– 안연옥 디카시집 『슬픔의 끝』 읽기

오민석(문학평론가·단국대 명예교수)

1.

정동情動, affect은 이성적 인식이 아니라 몸의 신호이다. 정동은 뇌의 분석적 사유가 아니라 '내장에서 나오는visceral' 신체의 언어이다. 그것은 몸의 밑바닥에서 살과 세포를 통하여 무엇이 되어가며 끊임없이 변용하는 강도intensity와 힘(들)force(s)이다. 프로이트는 정동이 성찰하거나 사유하지 않고 행동한다고 말한 적이 있다. 정동은 성찰이나 사유처럼 합리적이고 지적이거나 의식적인 것이 아니라 행위로 이어지는 무의식적이고 본능적이며 역동적인 에너지이다.

안연옥의 이 디카시집에서 '슬픔'은 산문적 설명이나 이성적 분석이 전제되지 않은 어떤 기원이나 동력 같은 것이다. 그것은 개념이나 인식의 결과가 아니며, 시인의 정동에 깊이 새겨진 채 계속 분출하는 최초의 샘물 같은 것이다. 이 디카시집의 어디에도 그 샘물의 모티프나 발생 이유에 대한 설명이 없다. 말하자면 시인은 겉으로는 '그냥 슬픈' 것처럼 보이기도 하는데, 세상에 '그냥 슬픈' 게 어디 있나. 안연옥 시인에게 슬픔은 논리로 설명할 수 없지만 내장에서 나오는 어떤 목소리이고 행위의 에너지이며 기원이다. 시인은 슬픔이라는 정동의 다양한 변용을 건드린다. 슬픔은 여기에도 저기에도 있으며, 이런 얼굴을 하고 있고 저런 얼굴을 하고 있다. 하나의 분화구에서 나온 화산재처럼 삶은 슬픔의 분화구에서 나온 다양한 낙진들이다.

그곳은 화목한 집이었고
결혼식장이었으며

또한 장례식장이었고
겹겹의 슬픔이었으며 빛나는 행복이었지

—「꽃잎의 예식」

떨어진 꽃잎들은 삶의 다양한 모습을 보여준다. 그것은 한때 "화목한 집"이었고, "결혼식장"이었으며, 죽어서 그 모든 서사가 끝난 것처럼 보일 때엔 "장례식장"이었다. 동일한 대상이 화목한 집→결혼식장→장례식장으로 계속 변해나가는 모습을 시인은 "겹겹의 슬픔"이라고 말한다. 그렇다면 화목한 집과 결혼식장과 장례식장의 근저를 관통하는 정동은 슬픔이다. 화목한 집은 언제까지나 그 자체로 머물러 있을 수 없으며, 결혼식장은 시작과 동시에 과거가 되고, 이 모든 과정은 애석하게도 장례식장을 향해 있다. 돌이켜 보면 삶의 어느 한순간도 멈춰 있지 않고 무엇이 되어감becoming의 과정에 있는데, 그 무엇이라는 것이 결국 슬픔의 완성인 죽음이라면, 거기에 오기까지의 다른 모든 단계 역시 슬픔의 다양한 '겹'들에 불과한 것 아닌가. 그러나 시인은 여기서 그치지 않고 막판 반전을 시도한다. 그것들이 모두 "겹겹의 슬픔"이었지만, 동시에 "빛나는 행복"이었다는 역설이 그것이다. 슬픔이면서 동시에 행복이라니, 그것은 어떻게 가능한가. 사진의 꽃잎들은 분명 땅바닥에 떨어져 죽은 것들이지만 그 화려한 빨강은 죽음을 잊게 할 정도로 아름답다. 거기엔 죽음일지언정 너무 아름다워서 "빛나는 행복"도 있다. 아름다운 꽃잎들은 죽음을 종말로 끝낼 수 없게 한다. 꽃잎에게 종말이란 없다. 꽃잎은 슬픔 속에서 슬픔조차도 아름답게 만드는, 슬픔 너머의 다른 씨앗이 있다는 사실을 알려준다. 어떤 슬픔도 그 자체 영원히 슬픔인 것은 없다. 모든 정동엔 오로지

'무엇 되기'의 과정만이 있을 뿐이다. 시인에겐 이렇게 죽음조차도 다른 명명naming을 기다리는 '되기'의 과정이다.

나는 왜 늙고 병든
폐허의 엄마를 떠올릴까

왜 그 품에
묻히고 싶은 걸까

―「기억의 정원」

안연옥은 꽃을 보는 순간에도 아름다움을 비껴가며 그 너머의 슬픔을 본다. 이 꽃의 도화선이 건드리는 것은 바로 "폐허의 엄마"이다. 그 엄마는 늙고 병들어 슬프다. 은유에 능통한 안연옥 시인은 이렇게 꽃을 폐허가 된 엄마로 읽는다. 디카시는 사진을 설명하지 않는다. 사진을 설명하는 수준에서 끝나면, 그것은 디카시가 아니라 사진시이다. 디카시는 사진의 평균적 정서인 스투디움studium이 아니라 사진 속의 찔린 자국, 작은 구멍 혹은 상처, 즉 푼크툼punctum을 끄집어낸다. 위 사진의 스투디움은 풀밭과 그 안에 피어 있는 아름답지만 평범한 꽃들이다. 안연옥 시인이 이 평범한 사진 속에서 읽어낸 상처의 자국(푼크툼)은 한때 아름다웠지만 이젠 폐허가 된 존재, 어머니이다. '아름다운 슬픔'이라 요약할 수밖에 없는 이 존재 속에서 시인이 읽어내는 것은 비동시성의 동시성이다. 꽃과 어머니는 전혀 다른 시간대에 속해 있지만, 이 사진 속에선 동시에 존재한다. 시인이 '폐허의 엄마' "품에 묻히고 싶은" 이유는 엄마에 대한 기억이 사진 속의 꽃처럼 아름답기 때문이다.

비로소 사람 구실을 하게 되었을 때

조용히 내게서 걸어 나가신 어머니

─「우주」

 디카시의 문자기호는 5행 이내로 제한되어 있지만, 여기서 5행은 사용이 가능한 최대 행수를 의미한다. 디카시는 문자기호를 최대 5행까지 써도 되지만 가능하면 짧게 줄일 것을 권장한다. 한마디로 말해 디카시의 문자기호는 짧을수록 좋다. 디카시는 순간 포착, 순간 언술이 만들어내는 촌철살인의 상태를 지향하기 때문이다. 디카시는 또한 사진기호와 문자기호의 배타적 완결성을 거부하고 상호적 화학반응을 중시한다. 사진이나 문자 어느 한쪽이 배타적으로 완벽해서 다른 한쪽을 밀어내거나 불필요하게 만든다면, 그것은 사진시

이거나 문자시이지 디카시가 아닐 가능성이 높다. 디카시는 어느 한쪽의 비대칭적 완결성이 아니라, 서로에게 스며들어 새로운 전체를 만들어내는 쪽을 택한다.

이런 점에서 위 작품은 훌륭한 디카시의 전범이라 할 수 있다. 이 작품에서 평범한 개기 일식 사진은 그 자체 이상의 특별한 의미가 없지만, 문자기호를 만나면서 매우 새로운 의미를 얻는다. 시인은 사진 곳의 사라진 태양을 설명하지 않고 "조용히 내게서 걸어 나가신 어머니"로 은유하는데, 죽어서도 화자의 마음속에서 완전히 없어지지 않는 어머니처럼 일식으로 사라진 태양도 완전히 사라지지 않고 초승달의 흔적으로 남아있다. 문자기호는 어머니가 사라진 시점이 화자가 "비로소 사람 구실을 하게 되었을 때"라고 적시함으로써 사라진 어머니에 대한 안타까움을 더욱 극대화한다. 더구나 어머니가 그냥 돌아가셨다고 하는 건조한 표현 대신에 "조용히 내게서 걸어 나가"셨다고 힘으로써 시인은 어머니에 대한 간절한 그리움을 훨씬 생생하게 형상화하고 있다.

2.

안연옥 디카시의 동력인 슬픔의 정동은 어머니뿐만 아니라 다양한 형태로 변용된다. 그것은 삶과 세계의 주름들에서 만난 각양각색의 아픔들을 예민하게 포착하는 안테나 역할을 한다. 문학이 아픔과 결핍의 앵글로 인간과 세계의 속내를 드러낸다면, 슬픔의 정동이야말로 안연옥에게는 매우 적절한 문학적 기제이다.

옛집은 단란하다

기억 속을 걸어 나오면서부터
낯선 얼굴이 되어가는 그 집

―「알츠하이머」

이 작품에서도 안연옥 시인의 기발하고도 독창적인 발상을 만날 수 있다. 안연옥 시인은 디카시가 사진의 설명이 아니라 사진의 비유(은유)라는 사실을 잘 알고 있지만, 시인의 비유는 때로 은유를 넘어 기상奇想, conceit의 단계에 이르기도 한다. 여기서 말하는 기상이란 일종의 확장된 혹은 과장된 은유를 말한다. 은유가 이질적인 것들 사이에 존재하는 유사성의 발견을 목적으로 한다면, 기상은 이질적인 것들의 거리가 워낙 멀어 이들 사이에서 상상을 초월하는 유사성을 발견할 때 발생한다. 노출 콘크리트로 보이는 단단한 벽의 실내에서 시인은 어떻게 "알츠하이머"를 읽어낼까. 심지어 사진 속의 공간은 시인이 말하는 "옛집"이 아니라 세련된 디자인의 도시 공간이다. 이 사진 속에서 '옛집'의 단란함을 연상시키는 것은 집 자체가 아니라 화면 중앙 멀리 소실점에 아득히 모여 있는 일군의 사람들 모습이다. 이들은 아마도 가족으로서 박물관이나 미술관 등 어떤 외부 공간에서 "단란"한 시간을 보내고 있는 것으로 사료된다. '알츠하이머' 환자는 이 장면의 "기억 속을 걸어 나오면서부터" 단란한 가족의 시간을 점차 상실하고 있다고 보면 된다. 그것이 멀리 사라지는 기억이라는 것과 사진 속 가족의 모습이 먼 소실점에 위치하고 있다는 것은 정말이지 놀라는 상상력이 만들어낸 기발한 유사성의 발견이 아닐 수 없다.

끝내 한낮까지 가지 못한 사랑

십일월의 가벼운 덮임 아래

더 이상 하늘엔
남아있는 색깔이 없다

―「무서리」

사람들에게 슬픔을 유발하거나 슬픔에 관해 생각하도록 만드는 것은 무엇일까. 그것은 주체의 경험과 욕망의 벡터에 따라 서로 다르다. 안연옥 시인에게 슬픈 정동의 방아쇠를 당기게 하는 것은 앞에서 보았다시피 주로 소멸, 사라짐, 죽음과 같은 것들이다. 위 작품에서도 화면의 두 남녀는 비록 다른 의자에 앉아 있을지라도 서로 얼굴을 마주 보며 정다운 대화를 나누고 있다. 그러나 시인은 현재의 사랑 속에서 제목의 "무서리"처럼 "끝내 한낮까지 가지 못한 사랑"을 읽어낸다. 시인은 왜 아직 오지도 않은 이별을 미래가 아닌 과거 시제로 읽어낼까. 늦가을에 내린 "가벼운" 눈처럼 이별의 슬픔 외에 더 이상 "남아있는 색깔"이 하나도 없는 하늘은 이제 다른 가능성을 상실한 이들의 관계처럼 암담하다. 이 모든 실패의 가능성은 이미 이들이 앉아 있는 의자의 공간에서 예견된다. 이들은 각자 다른 자리에 앉아 있으며 고개만 돌리면 이들은 서로 반대 방향을 보게 된다. 고개를 돌려 서로를 마주 보는 이들의 사랑에 누가 감히 영속성을 부여할 수 있을까. 시인은 현재 진행형인 사랑 속에서도 이미 오래전부터 진행되어 온 소멸의 징후를 읽는다. 세상에… 슬픈 소멸에 대해 이렇게 민감한 시인도 있을까.

봄마다 불려오는 이름들이다

우리는 잊지 않겠다 다짐하며
가슴마다 매달아 둔

아직도 풀리지 않은 슬픔의 리본

—「매듭」

지금까지 살펴본 작품들에 일관되게 흐르는 정조는 상실

의 슬픔이다. 세상을 뜬 어머니, 사라진 기억, 이어지지 못한 관계 같은 것들이야말로 안연옥 시인의 말하는 슬픔의 다양한 겹주름들이다. 지금까지 읽은 것들이 모두 개인 단위의 슬픈 서사들을 다루고 있다면, 위 작품은 사회 단위의 슬픈 서사를 소환한다. 사진은 유채꽃이 만발한 제주도의 봄을 연상시키는데, 문자기호를 통하여 시인은 그것이 바로 2014년 4월 16일 제주로 가던 세월호 참사의 상징임을 알려준다. 순식간에 총 299명이 사망하고 5명이 실종되었던 이 사건은 사상 유례가 없는 사고로서 당시에도 전 국민의 공분을 불러일으켰던 비극이었을 뿐만 아니라, 지금도 "봄마다 불려오는" 참사이다. 시인은 제주의 아름다운 바다와 유채꽃의 풍경에서 또다시 슬픈 소멸의 정동을 건드린다. 시인에게 슬픔이란 사라짐, 소멸, 상실의 신호에서 오고, 위 작품의 슬픔이 "아직도 풀리지 않"는 것은 우리가 수도 없이 "잊지 않겠다 다짐"했음에도 불구하고, 그 사건의 진상을 밝히는 "매듭"이 아직 풀리지 않았기 때문이다. 세월호 참사를 상징하는 노란 "슬픔의 리본"을 시인은 끝내 풀어야만 할 "매듭"으로 읽고 있다.

3.

안연옥 시인에게 슬픔의 정동은 사태의 시작이지 끝이 아니다. 슬픔은 개인적, 사회적 단위의 무수한 변용을 거치며 인간과 세계의 결핍을 드러내지만, 다시 슬픔으로 회귀하지 않는다. 안연옥에게 슬픔은 닫힌 언어가 아니라 열린 언어이다. 시인은 출발 언어source language인 슬픔을 '되기'의 끝없는 과정에 밀어 넣으며 도착 언어target language로 굳어지는 것을 막는다. 슬픔을 슬픔으로 읽는 것처럼 무용한 일은 없기 때문이다.

떨어져도
다시 피어난 듯
물에 몸을 잠시 맡겨본다

―「슬픔의 끝」

　디카시의 진수를 맛보려면 천천히 오래 들여다보아야 한다. 디카시는 사진 한 장에 5행 이내의 짧은 문자기호로 이루어져 있지만, 사진과 문자기호를 오가며 오래 들여다보면 생각지도 않게 넓고 깊은 세계가 자꾸 열린다. 물이 담긴 돌확 안의 꽃들은 무슨 연유에서인지 본체에서 떨어져나온 것들이다. 자세히 오래 들여다보면 돌확은 시신을 오색의 꽃들로 덮어 놓은 석관石棺 같다. 첫 행의 "떨어져도"는 '죽었어도'의 의미로 읽어도 된다. 석관 속의 꽃들은 몸체에서 떨어져 나와 이미 죽은 것들이지만, 마치 "다시 피어난 듯", 밝고 찬란하다. 시인은 3행에서 꽃들이 "물에 몸을 잠시 맡겨본다"라고 기술함으로써 죽은 꽃들의 회생 가능성 혹은 생명 연장의 가능성을 타진한다. "슬픔의 끝"이 꼭 죽음일 필요는 없지 않은가. 이 디카시를 더 오래 들여다보면 의미는 더욱 확장된다. 석관 안의 죽은 꽃들은 생전에도 아름다웠지만, 죽음 이후에는 더 아름다운 천상의 세계를 꿈꾸는 영혼일 수도 있다. 그 꽃들이 몸을 담고 있는 "물"은 그런 생명성의 상징이고, 몸을 바꾸어 다시 태어나는 '재생再生'의 기호이기도 하다.

화려한 꽃잎이 져도
너는 여전히 빛난다

낙화 끝에 잇댄
초록의 시간으로

—「그날 이후」

이 작품에서도 안연옥이 생각하는 슬픔의 연원이 드러난다. 앞에서도 살펴보았지만, 안연옥에게 슬픔은 소멸의 다른 이름이다. 시인에게 '겹겹의 슬픔'들은 '겹겹의 소멸'들이다. 안연옥은 인간과 세계의 다양한 주름들 속에서 소멸의 현장을 포착하고 그것의 다양한 변용을 추적한다. 안연옥이 볼 때, 소멸의 슬픔을 극복하는 유일한 길은 소멸이 문자 그대로 소멸이 아니라 다른 상태로의 변용이라는 인식에 도달하는 것이다. 죽음과 마찬가지로, 소멸도 닫힌 언어가 아니라 열린 언어이다. 그것은 슬픔의 마지막 벽에서 쓰러지는 언어가 아니라 다른 것으로 다시 태어나는 언어이다. 위 작품에서도 죽은 것은 "화려한 꽃잎"이지만, 그것으로 "너"의 세상이 끝나지 않는다. "너는 여전히 빛난다". 왜냐하면 "낙화"의 끝은 "초록의 시간"으로 잇대어져 있기 때문이다. 시인은 꽃이 먼저 피고 꽃이 진 후에 풍성한 푸른 잎을 내놓는 자목련의 삶을 통하여 슬픔의 정동을 재생의 정동으로 바꾸고 있다. 게다가 이 디카시를 다시 자세히 오래 들여다보라. 이 재생의 순간에 "너"에게 빛내주는 빗물을. 다양한 종교 경전이나 문학 텍스트에서 '물'은 늘 생명성을 상징한다. 화려했지만 이제 소멸해 가는 꽃 위로 비가 쏟아지고 그 죽음 위로 초록의 빛나는 시간이 다시 열린다.

지금까지 살펴본 것처럼, 이 디카시집의 출발 언어는 슬픔의 정동이다. 그리고 안연옥 시인에게 슬픔의 연원은 소멸이라는 이름의 죽음이다. 그러나 슬픔은 한 가지 얼굴만을 가지고 있지 않다. 그것은 무수한 변용의 과정을 거치면서 새로운 도착 언어를 꿈꾼다. 이 디카시집의 도착 언어는 죽음과 소멸의 슬픔을 넘어 새로이 빛나는 "초록의 시간"이다. 이런 시간은 안연옥 시인의 디카시를 천천히 오래 들여다보아야 보인다.

형언하는 몸

1판 1쇄 펴냄 2025년 9월 25일

지은이 김호경, 이하림, 한송희
펴낸이 손문경
편집 이기리, 서윤후, 정채영
디자인 정유경, 김정현, 한유미

펴낸곳 아침달
출판등록 제2013-000289호
주소 04029 서울시 마포구 양화로7길 83, 5층
전화 02-3446-5238
전자우편 achimdalbooks@gmail.com

ⓒ 김호경, 이하림, 한송희, 2025
ISBN 979-11-94324-53-9 03600

이 도서의 판권은 지은이와 출판사 아침달에 있습니다.
양측의 서면 동의 없이 책 내용의 전부 혹은 일부의 재사용을 금합니다.

이 도서는 2025년 문화체육관광부의 '중소출판사 도약부문 제작지원' 사업의
지원을 받아 제작되었습니다.

* 책값은 뒤표지에 있습니다.

말 바깥에서

· 게오르그 짐멜, 김덕영 · 윤미애 옮김, 『짐멜의 모더니티 읽기』(새물결, 2005)

침묵 안팎의 집

· Kittler, F., Grammophon, Film, Typewriter, Berlin: Brinkmann & Bose Verlag, 1986. [프리드리히 키틀러, 『축음기, 영화, 타자기』(유현주 · 김남시 옮김, 문학과지성사, 2019)]
· 강주석, 『동시녹음』(커뮤니케이션북스, 2017)

도망으로부터

· Levi, P., I sommersi e I salvati, Torino: Einaudi, 1986. [프리모 레비, 『가라앉은 자와 구조된 자』(이소영 옮김, 돌베개, 2014)]
· Brian Massumi · Sara Ahmed, et al., Melissa Gregg · Gregory J. Seigworth Eds., The Affect Theory Reader, Durham, NC: Duke University Press, 2010. [브라이언 마수미 · 사라 아메드 외, 멜리사 그레그 · 그레고리 J. 시그워스 엮음, 『정동 이론』(최성희 · 김지영 · 박혜정 옮김, 갈무리, 2015)]
· Schefer, J. L., L'Homme Ordinaire du Cinéma, Paris: Gallimard, 1980. [장 루이 셰페르, 『영화를 보러 다니는 평범한 남자』(김이석 옮김, 이모션북스, 2020)]
· Georges Didi-Huberman, G., Sortir du Noir, Paris: Éditions Minuit, 2015. [조르주 디디-위베르만, 『어둠에서 벗어나기』(이나라 옮김, 만일, 2016)]

맨얼굴 앞에서

· Butler, J, Precarious Life: The Powers of Mourning and Violence, Verso, 2004. [주디스 버틀러, 『위태로운 삶』(윤조원 옮김, 필로소픽, 2018)]

조용한 희망들

· Adorno, T. W., Minima Moralia: Reflexionen aus dem beschädigten Leben, Berlin: Suhrkamp verlag, 1951. [테오도어 W. 아도르노, 『미니마 모랄리아』(김유동 옮김, 길, 2005)]
· Adorno, T. W. · Horkheimer, M., Dialektik der Aufklärung, Amsterdam: Querido Verlag, 1947. [테오도어 W. 아도르노 · 막스 호르크하이머, 『계몽의 변증법』(김유동 옮김, 문학과지성사, 2001)]
· 김진영, 『상처로 숨 쉬는 법』(한겨레출판, 2021)

현기증의 편지

· Oka Mari, KIOKU /MONOGATARI [SHIKO NO FURONTIA], Tokyo: Iwanami Shoten, 2000. [오카 마리, 『기억 · 서사』(김병구 옮김, 교유서가, 2024)]
· Ann Cvetkovich, Depression: A Public Feeling, Durham, NC: Duke University Press, 2012. [앤 츠베트코비치, 『우울: 공적 감정』(박미선 · 오수원 옮김, 마티, 2025)]
· John Berger · Yves Berger, Over To You: Letters Between a Father and Son, 2019. [존 버거 · 이브 버거, 『어떤 그림』(신해경 옮김, 열화당, 2021)]

참고문헌

미학이라는 불가능한 시도

· Welsch, W., Grenzgänge der Ästhetik, Stuttgart: Philipp Reclam Jun., 1996. [볼프강 벨슈, 『미학의 경계를 넘어』(심혜련 옮김, 향연, 2005)]
· Heidegger, M., Sein und Zeit, Halle: Max Niemeyer Verlag, 1927. [마르틴 하이데거, 『존재와 시간』(전양범 옮김, 동서문화사, 2015)]
· 박현정, 「현상학의 사태에 대한 후설과 하이데거의 다른 이해」, 『현상학과 현대철학 98집』, 한국현상학회, 2023, 1~36쪽.
· Shusterman, R., Performing Live: Aesthetic Alternatives for the Ends of Art, Ithaca: Cornell University Press, 2000. [리처드 슈스터만, 『삶의 미학』(허정선 · 김진엽 옮김, 이학사, 2012)]
· 안토니오 네그리 · 질 들뢰즈 외, 서창현 · 김상운 · 자율평론번역모임 옮김, 『비물질노동과 다중』(갈무리, 2005)
· Nancy, J. L., Corpus, Paris: Métailié, 1992. [장-뤽 낭시, 『코르푸스』 (김예령 옮김, 문학과지성사, 2012)]

리듬 인지

· Stravinsky I., Poetics of Music in the Form of Six Lessons. Cambridge: Harvard University Press, 1942, 1947, 1970. [이고르 스트라빈스키, 『음악의 시학』(이세진 옮김, 민음사, 2023)]
· Lefebvre, H., Éléments de rythmanalyse, Paris: Éditions Syllepse, 1992. [앙리 르페브르, 『리듬분석』(정기헌 옮김, 갈무리, 2013)]
· 신승원, 『앙리 르페브르』(커뮤니케이션북스, 2016

어떤 죽음과 탄생

· Cixous, H., (Le) rire de la méduse, Paris: Éditions Galilée, 1975. [엘렌 식수, 『메두사의 웃음/출구』(박혜영 옮김, 동문선, 2004)]
· Foucault, M., Qu'est-ce que la critique?: suivie de, La culture de soi. Paris: Éditions Vrin, 2015. [미셸 푸코, 『비판이란 무엇인가? 자기 수양』(심세광 · 오트르망 · 전혜리 옮김, 동녘, 2016)]

음악 아닌/없는 음악 듣기

· Cage, J., Silence: Lectures And Writing, 50th Anniversary Edition. Middletown CT: Wesleyan University Press, 1961. [존 케이지, 『사일런스: 존 케이지의 강연과 글』(나현영 옮김, 오픈하우스, 2013)]
· 이혜윤, 「Arvo Pärt의 피아노 독주 작품에 대한 연구」, 동덕여자대학교 대학원 박사학위 논문, 2018.
· Marguerite Bostonia, Andrew Shenton ed, The Cambridge Companion to Arvo Pärt, Cambridge: Cambridge University Press, 2012.

따라가보면 원래의 의미로 "열려 있어서 밝은 숲속의
공간"이라고 한다. 그러니 텅 빈 상태로 빛을 받아들이는
일을 두려워하지 않기로 한다. 나와 네가 떨어져
만든 사이에 들이친 빛이 공터의 기원이 될 것이다.
열려 있기에 밝아질 수 있구나. 열려 있다는 것은
개방적인 몸으로서 미래의 청중에게 응답할 수 있는
여건이 된다. 그날 보았던 '너무 환한 밝음'이 한 존재의
현전에 드리우는 '너무 환한 밝힘'으로 펼쳐지는 것을
형언하는 몸들이 꿈꾼다.
　　　　우선 나 자신부터 하나의 공터가 될 것. 이곳에
오는 사람들에게 섣불리 이름과 자격을 부여하지
말고 그들의 이야기를 은밀히 들어볼 것. 몸도 예술도
편향적인 해석을 거부하는 것처럼 나와 당신에게도
많은 이해와 오해가 열렸으면 좋겠다. 이 공터가 내가
가고 싶었던 숲이 될지는 모르겠다. 하지만 숲이 되지
않아도 좋다. 공터의 희망은 무엇이 되는 데에 있지 않다.

이유로 내쳐진 모든 감각과 반응, 느낌, 감수성 등을
복권"(「미학이라는 불가능한 시도」)하는 몸의 현전을
일으키기. 부정어와 줄곧 쓰이던 '형언'은 이제 수동태나
중동태와는 썩 어울리지 않고, "형언하는" 능동태적
초월로써 불가능이라 치부된 일들을 가능성의 토대에
올려놓고 소외된 이야기들을 불러 모은다. 잘 들리지
않았던 것을 듣고, 잘 보이지 않았던 것을 보고,
잘 읽지 않았던 것을 읽어, 차마 쓰지 못했던 것을 쓴다.
　　　　그러니까 그날 내가 밖으로 뛰쳐나와 가고
싶었던 곳은 숲이었던 것 같다. 그날의 빛을 품은
나무들이 더욱 빽빽한 곳. 나무 말고도 유능한 틈을
보존하는 돌과 흙, 새 소리와 바람, 따뜻한 햇빛과
발자국을 보고 오면 깨끗한 상태로 돌아갈 수 있을 것
같았다. 독일은 숲이 전체 국토 면적의 30% 이상을
차지한다고 한다. 독일어로 'licht'는 빛이라는 뜻인데
여기서 한 발짝 더 나아가면 'lichtung'이라는 단어와
만날 수 있다. "공터", "숲속의 빈터"라는 뜻이다.
하이데거식으로 말하면 "환한 밝힘"이 될 것이다.
영어로 유사한 단어는 'glade'가 있을 텐데, 그 기원을

속에서 말해지면서 주체의 단일성은 복수성으로 전이돼 탈위치화된다. 정동하는 주체로서 몸이 발화하는 내용을 잘 들으려면 "존재를 단수형으로 고립시키는 것"을 벗어나 "복수형으로 연결"되는 감각이 어떻게 "새로운 의미 지평을 열어내는지를 규명하는 일"(「미학이라는 불가능한 시도」)에 관해 미학적인 관점을 얻어내야 할 것이다. 그 기준은 몸의 향방을 묻는 각자의 몫이 될 것이고 나 역시 이 책을 통해 함께 여정에 들어섰다고 말할 수 있겠다. 각자에게 주어진 개별적인 발화 위치를 묻는 일은 한 정체성을 고정된 맥락과 의미로 특정 장소에 소급하겠다는 태도가 아니다. 공터에서부터 다시 시작해보겠다는 의지다. 완전히 말소된 국적과 함께 이방인이라는 말 자체를 지우고 유목하는 심정으로 들판을 내달리겠다는 발가벗음이다. 버지니아 울프는 한 일기에서 "들판을 내달리듯 글을 써야 한다고" 했지만, 나는 우선 이 책과 함께 황량한 공터에 서 있는 법부터 익히고자 한다. 기댈 데 하나 없어도 나 자신이 바로 기대기 좋은 온전한 기울기라는 것을 말하기. "'형언할 수 없다'는

수 있을 것이다. 한계를 마주하고, 바로 그 "필연적인
한계로부터 무언가를 발견하"(「침묵 안팎의 집」)여,
의미의 우연성을 재탐색하는 일. 그리고 이러한 사유의
복판에는 언제나 삶을 다채롭게 그리는 예술이
함께 그 자리를 지켜주었다. 삶은 때때로 불투명한
세계 속에서만 만질 수 있는 분명한 사실을 계시한다.
　　　서문에는 독서 편의상 각 글의 주인을
표기했지만, 사실 이 책이 표방하듯 모든 글의 주인은
그 누구도 아니며, 언제든 서로 몸을 뒤바꿀 수도
있다. 공동의 감각으로 묶여 각자 다른 이야기를 펼칠
수 있다는 것은 곧 그 반대도 가능하다는 뜻일 테다.
파편으로 흩어진 이야기 조각들이 모여 단 하나의 꿈을
말할 수도 있다는 것. 이것은 아마 일찍이 에이드리언
리치가 원한 "공통 언어를 향한 꿈"과도 연결될 수
있을 것이다. 리치는 주체 개념을 표방할 때 '위치의
정치학'을 주창하면서 한 개인의 정체성은 결코 단일한
범주에 속할 수 없고 복수적인 위치에서 말해져야
한다고 했다. 여성, 남성, 백인, 흑인, 유대인, 게이,
레즈비언, 중산층…… 등 복잡한 사회문화적인 맥락

이론적 바탕에 입각해 기존의 의미를 살피면서도 몸이
발산하는 새로운 영역의 가능성을 비평적 언어로
탐구한다. 그리고 여기에는 각자 연구자로서 겪었던
치열한 고민과 일상 이야기가 겹쳐지면서 논의의
다양성을 확장한다. 이들은 크게 네 가지인, '읽는 몸'
'듣는 몸' '보는 몸' '쓰는 몸'으로 감각을 분류하여
예술 작품들과 나란히 두어 작품 속에서 표현되는
요소들을 성실하게 분석하고 몸이 나아갈 수 있는
지평을 열어둔다. 때로는 자신이 연구자로서 책상 앞에
앉아 책을 읽고 글을 쓸 수밖에 없는 사람임을 한탄하는
방식으로, 때로는 아이를 낳고 불안정해진 삶을
흥미로운 리듬으로 인지하는 방식으로, 때로는
편지가 헤매는 시간까지 마음이 이루는 도착이라고
쓰는 방식으로.

　　　　　이 책을 다 읽고도 결국 원하는 형태의
"열린 신체"를 획득하지 못한 채 끝날 수도 있다. 하지만
나처럼 "자주 길을 잃는 기분"(「몸이라는 전장에서 /
다원의 몸으로부터」)이 들 때마다 이 책을 펼친다면
우리는 뜻밖의 경로를 통해 끊어진 삶을 다시 이어볼

뒤엉켰고, 그해 초 나는 또다시 사랑하는 사람을
떠나보내야 했다. 물속에서 태어났다가 불 속으로
사라지는 인간의 생몰은 좀체 지루할 틈 없이 매번
생경한 풍경을 자아냈다. 삶은 여지없이 서로의
영육을 찬탈하는 방식으로 작동하고 있었다. 이제는
이 세계의 원리에 감화될 때였다. 이유 없이 파양된
동물들이 임시보호소에서 첫 주인을 그리워하고,
가자 지구에서 공습으로 다쳐 머리에 붕대를 감은
어린이의 담담한 눈동자 속에서도 수많은 사상자와
난민과 기아가 발생하고, 성별과 젠더 그 어디에도
속하지 못하고 있는 사람들의 잃어버린 정체성이
군중의 가학적인 시선과 폭력에 쉽게 노출돼 목울대에
쇳소리가 나고, 가해자는 숨겨주고 피해자의 목소리만
부유하는 성 착취와 살인 현장들……. 그 밖에 무참하고
슬프게 빼앗긴 목숨들. 세상은 인간이 표현할 수 있는
최대치의 증오를 실험하는 공간이 되어갔다.
　　　김호경, 이하림, 한송희. 이 세 사람은 같은
세상 속에서 몸을 입고 살면서 비슷하게 느끼는 감각,
혹은 동류의 감각으로 '몸'이라는 사유지를 다양한

사실을 알게 된 건 꽤 나중의 일이었다.(ChatGPT한테
다른 표현들을 추천받아 '햇살춤'과 '숲빛결'이라는
단어도 얻게 되었고 물론 없는 말이다) 그제야 나는
더 이상 묻지 않아도 좋겠다고 생각한 것 같다. 영혼이나
빛이나 신이나 천국 같은 것들의 주소를. 그들의
행방불명을 미워하지 않고 살 수 있겠다고, 그러니
우선은 차근차근. 오늘 내가 수집한 증거는 누구든지
존재의 다원을 캐물을 때 활용할 수 있는 보편적인
질료임을 알았으니. 빛의 거주지는 사이였다. 서로가
은근히 내밀어보는 간격이었다. 나무가 가지를
뻗고 나뭇잎을 꺼내 허공에 부채질을 하는 이유도,
태풍이 휘몰아쳐도 몸을 지키기 위해 대지에 내린
뿌리를 굳건히 붙잡는 이유도, 가지마다 빗방울들을
걸어두었다가 서로의 손을 꼭 잡고 유치원으로
돌아가는 아이들의 부푼 뺨에 떨어뜨리는 이유도, 작은
틈에 빛을 품기 위해서였음을. 이 세상에는 텅 빈 공간이
꼭 필요하다는 것을 그제야 조금 배울 수 있었다. 나를
떠나버리고 부재하는 것들을 조금 이해해볼 수 있었다.
　　『형언하는 몸』을 만난 시기는 그로부터 약 반년

한 번쯤은 되고 싶었을지도 모른다. 이 운동이 영원히
이어지더라도 멈출 생각 없이, 그래도 언젠가는
날 수 있을 거야, 천진한 믿음만 품었는데도 이미
얼마쯤 도약한 기분이 드는 삶.

　　　그렇게 갔던 길에서부터 좀 더 멀리 돌아오고
있을 때, 문득 나무 한 그루를 쳐다보았다. 비현실적으로
아름다웠던, 고운 흰빛들이 점점이 박혀 있었던,
내가 비로소 도착하고 싶었던 장소가 바로
이곳이었다는 듯이. 인간의 미약한 눈으로 감당하기
어려운 '너무 환한 밝음'이어서 시선은 재빠르게
담벼락 쪽으로 돌렸다. 방금 보았던 흰빛들의 잔상이
발자국처럼 남아 담벼락에 얼룩을 그렸다. 나뭇잎과
나뭇가지 사이사이로 내비친 빛의 모임은 흡사 완전히
텅 빈 몸을 완성한 자들만 가입할 수 있는 모습이었다.
존재성 자체를 기입하지 않는 세계에서만 누릴 수 있는
특권처럼 보였다. 나는 그것이 퍽 부러웠던 모양이다.
나뭇잎 사이사이에, 나뭇가지 사이사이에 들어차는
흰빛들. 이미 이 현상을 지칭하는 단어들, 일본어로
'코모레비komorebi, こもれび' 우리말로는 '볕뉘'가 있다는

"맺어지는 관계에는 어떤 이름을 붙일 수 있는지
성실하게 고민하고 반듯하게 써내려"(「말 바깥에서」)갈
수 있을 것만 같아서. 비옥함은 땅에게만 주어진 성질이
아니었다. 고개를 들어 번들번들하고 윤기 나는
이 하늘을 좀 보라. 구름 한 점 없이 깨끗하고 청명한
하늘 뒤편에서 솟아오르는 것들. 대지에 뿌리를 내리고
자라나는 작물들의 탄탄한 생명력만큼 굳센 힘을
이어받아 하늘에서도 미지를 품은 모략이 있을 것이다.
그리고 아마도 영혼과 사후 세계를 믿는 자라면 이것이
대지를 견디는 신체가 꾸린 일종의 암중모색이라는
지적을 피하기는 어렵다. 단지 말없이 말 바깥을
한번 상상해보고 싶었을 뿐이다. 한 번쯤 고통의
원인을 추적하지 않고 치유와 회복을 갈망해보고
싶었을 뿐이다. "가만히 있는 상태와 함께 솟아나는
고통"(「도망으로부터」)을 정동하는 신체로서의
감각이 아니라 텅 비어버린 신체로서의 감각으로
풀어내고 싶었다. 거리 제약이 없는 무한한 활주로를
꿈꾸었을 수도 있다. 바퀴를 굴리고 날개를 펴며 계속
추진력만 키우고 이륙하지는 않는 비행기가

173

말할 수 있다. 당신이 내 마음의 문을 노크해주었을
때, 나는 갑작스러운 방문에도 환한 미소를 지으며
당신을 기꺼이 맞이할 수 있었어요. 나에게 그런 환대의
미덕쯤은 충분히 있다고 생각했죠. 과장 좀 보태서,
당신은 내가 살아가는 이유고, 당신에게 무엇이든
베풀 수만 있다면 내가 가진 칼자국 몇 개쯤 벌어져도
괜찮겠다 싶었죠, 당신의 눈빛을 내 눈동자에
담아 복구한 시력으로 상처와 상처 사이 얼마든 봉합할
수 있다 믿었죠. "마침내 잘 돌아오기 위해서"
(「어쩌면 영원할 미룸」), 돌아온 자리에 아무것도
남지 않았으면 해서.

　　　거리에는 정말 이상하리만치 사람들이 (거의)
없었다.(그야 당연히 조금 있었겠지만 직장인이나 학생
대부분 각자의 위치로 돌아간 시간이었고, 당시에는
사물이나 풍경만 간신히 인식할 수 있는 상태였다)
그간 겪었던 많은 일들은 잠시 접어두고 오로지 걷는
데에만 집중했다. 거의 직선으로만 향할 수 있는
산책 경로에 즐거움을 느꼈다. 몸을 최대한 비우고
싶었다. 비우고, 비우고, 비우다 보면 "말 바깥에서"도

이야기의 방향과 결말로 내달리는 습성을 고치지
못한다. 나 또한 마찬가지였으므로, 내가 나에게
말을 걸어올 때, 그에 상응하는 대답을 응당 마련해야
한다는 강박에 시달렸던 것 같다. 너의 명랑한 미래를
위해 책임질 수 있는 말들을 해야 해. 앞을 조심조심
살피지 않으면 금방 넘어지고 말 거야. 그때의 나는
너무 많은 현실을 의식하며 불안해하고 있었다.
문턱이나 돌부리 같은 방해물들이 앞에 그 무엇도 없어
걸음은 자연스러워도 좋았을 텐데. 나는 자꾸 형언할
수 없는 무엇에 홀려 끝내 떠나보내지 못해 귓속에
맴도는 몇몇 말들에 걸려 넘어지고 있었다. 겉으로
보았을 때 이 산책은 무척 평화롭고 침착했으나 그
내면은 정신없었고 혼재된 피안으로 뒤틀려 있었다.
진동수가 낮은 혼비백산. "사라질 음들을 잘 배웅하는
마음으로"(「음악 아닌/없는 음악 듣기」) 펼치는 줄행랑.
　　　침묵이 건넨 질문에는 어떻게 대답할 수 있는가.
나의 몸은 어떠한 응답이든 바랐다. 이 어지럼증을
유발하는, 존재의 윤곽조차 그려지지 않지만, 원인을
'당신'이라고 거칠게 치환해볼 수 있다면, 다음과 같이

갑자기 자리에서 벌떡 일어나 뛰쳐나간 어느 여름날의
거리 역시 한산해서 조용했다. 나는 뙤약볕을 받으며
황금빛으로 환해진 몸을 움직이면서 사람이 없고
조용한 풍경에 생채기를 내고 있었다. 한편으로는
몹시 바랐던 것 같다. 이 지난한 나 자신과의 대화에서
구원해줄 존재를 애타게 찾는 중인 건 아니었을까
하면서. 아스팔트 지면에 구슬땀을 톡톡 흘리는 산책은
이 단 하나의 질문만을 둥글게 말았다. 마치 모든
몸이 각도를 가질 수 있으면서도 가질 수 없다는 듯이.
마치 모든 몸이 숨길 수 없는 구석이자 구부러트릴
수 있는 귀퉁이라는 듯이. 단 한 번의 회전으로, 인생
종결이라는 듯이.

　　　일찍이 『말의 미학』을 펴낸 미하일
바흐친식으로 변주해서 말하면, '나'와 '나 자신'(둘을
엄중히 구분할 것)이 나누는 대화 사이에 끼어들
'초수신자superaddressee'를 나는 오랫동안 기다렸던 걸까.
초수신자는 모든 대화를 이해할 수 있고, 가장
이상적인 대화 방향을 이끌 수 있지만, 반드시 말에
대답할 의무는 없다. 우리는 항상 자신이 원하는

공터에 서 있는 여정

숲을 말하기 전에 땡볕이 이글거리던 한여름의
복판으로 뛰쳐나갔던 날부터 떠올려본다. 그날 불현듯
찾아와 정신의 발목을 부러뜨리고 도망친 무언의
배후를 나는 모른다. 아무 말도 들리지 않았는데
머리가 아파오고 귀가 찢어질 듯했다. 오염된 정신을
붙들고서라도 정화를 희망할 수 있는가. 나를 자극한
것은 일상성 이외에 그 무엇도 없었다. 여느 평범한
오후였고, 불볕더위는 어쩔 수 없었고, 매미는 아직
울지 않아 다 같이 약속이라도 한 듯 고요를 호흡했고,
여름의 맥박을 둘레 삼아 서로가 짓는 청량한 이야기와
말솜씨를 가만히 느끼고, 때때로 탐하는 초록색 말들을
한바탕 배우던 시기였다. 불과 이 년 전밖에 되지 않아
장면을 깊고 아득한 곳에서 퍼 올릴 필요가 없으니
그날의 탈주는 올해 거의 다 지나간 여름처럼 선명하고
복잡하다. 어떤 곳이 얼마간 조용하다는 것은 소리가
부재하다는 뜻이 아니라 의식을 거슬리게 할 정도가
아닌 작은 소리들끼리 웅크려 미동하고 있다는 뜻일
텐데. 내 마음대로 정의한 조용함의 의미 덕분에
몇 해는 덜 아프게 지낼 수 있었고, 정신적 충격을 느껴

169

편집자의 말

편지

"이 편지는 내게서 잘 출발해
마땅한 곳에 제때 도착할 수 있을까."

─「현기증의 편지」, 134쪽

어떤 마음이 있다. 꾹꾹 눌러 담으려 할수록 글자 바깥으로 삐죽 새어나가는 마음. 문장과 문장 사이를 맴돌며 맺어지지도 끊어지지도 않는 마음. 잘 도착할 거라는 기대와 오롯하게 읽힐 거라는 기대를 반쯤 저버린 채 전달되는 마음. 기껏해야 전했다는 사실에 만족해야 하는 마음. 영원할지도 모르는 은둔을 기꺼이 허락하는 마음.

어떤 꿈이 있다. 한 번, 두 번 펼쳐지는 종이 안에서 기지개를 켜는 꿈. 늘어진 테이프처럼 느릿하게 재생되는 꿈. 어느 낮들과 여러 밤들을 기워낸 꿈. 시작도 끝도 희미한 어떤 장면들만 마치 반복 재생을 누른 듯 하염없이 흐르는 꿈. 끝을 향해 나아가야만 선명해지는 꿈.

어떤 약속이 있다. 그곳에서 벌어진 일들을 기억하겠다는 약속. 여기서 벌어진 일들을 모두 기억한다는 약속. '언젠가'라는 기약 없는 약속이 지켜질 거라는 약속.

편지라 불리우는…….

하기 때문이다. 시시때때로 '나'를 넘어서거나 넘어오는 타자성의 계기 속에서, '나 아닌 것'들의 쉴 새 없는 틈입 속에서, 나는 한없이 무력할 뿐이다.

그렇다면 나는 대체 누구인가. 나를 설명하라는 요구에 직면한 나는 당신에게, 나 아닌 존재에게 나를 정당화한다. 나의 인식과 논리와 선택과 결정을 납득시키고 책임지기 위해 말을 늘어놓는다. 듣는 당신은 말하는 나에 선행한다. 당신은 나에 우선한다.

나는 당신과의 마주함 속에서 내가 된다. 내가 누구인지를 묻는 질문에 응답함으로써 내가 된다. 나를 들어주는 당신 앞에서, 나는 비로소 내가 된다. 그러므로 나를 설명하는 일은 당신에게 응답하는 일이자 나를 책임지는 일이다. 당신과 나, 태초의 얽혀듦을 받아들이는 일이다. 회복되어야 할 주체성이란 단지 그뿐이다.

165

주체(성)

"주체성의 회복. 이 얼마나 추상적이고 이상적인 말인가."

—「조용한 희망들」, 122쪽

주체란 무엇인가. 주체가 된다는 것은 무엇이길 래 이토록 많은 이들이 갈망하는가. 아마 그것은 능동성과 적극성의 의인화이자 어떠한 잔여도 없 는 투명한 언어적 형상일 것이다. 공간을 장악하 고 시간을 관통하는 중심적인 힘. 대상화되거나 도구화되지 않으면서 타자화되지도 않는 오롯한 '나'의 현현. 그런데 그게 과연 가능한 일인가.

질문을 고쳐 쓴다. 주체는 언제나 긍정형이 고, 대상/도구는 언제나 부정형인가. 대상화나 도 구화의 과정 없이 '나'는 인식의 대상이 될 수 없 다. 인식의 과정으로 구성될 수도 없다. 주체-되 기란 어제의 나와 오늘의 나를 분리하지 않고서 는, 나의 경험과 사유와 감각을 응시하지 않고서 는 달성될 수 없다. 과거라는 시제가 현재로부터 떨어져 나와 객관의 무언가가 되기를 거부한다면 미래는 주어질 수 없다. 나는 주체가 될 수 없다.

질문을 지우고, 다시 쓴다. 주체는 타자와 완 벽히 분리되는 존재인가. 주체는 주인 됨의 에누 리 없는 표현인가. 주체가 자신의 모든 것을 통제 하고 소유하는 존재라면 주체-되기의 모든 시도 는 필패할 수밖에 없다. 삶이란 모든 설명을 초과

164

다. 나타나는 즉시 사라지고 사라짐으로써 존재의 근거가 된다. 도착을 알림으로써 나타난다. 목소리를 통해, 목소리와 더불어, 목소리 안에서. 도착한 이는 누구일까. 오겠다는 이는 누구였을까. 여기 있는 자는 거기 있던 자일까. *날 알아보겠어요?*

목소리

> "연극을 열어젖히고 새어 나오고야 마는 목소리는
> 넬리의 맨얼굴만큼이나 설명 불가능한 것이지만
> 그 맨얼굴을 볼 수 없다는 사실만큼이나 진실된 것이다."
>
> —「맨얼굴 앞에서」, 115쪽

거기로 갈게. 목소리는 계속 온다. 오고 또 온다. 언제나 도착 중이다. 마치 꿈에서처럼, 메아리를 치듯. 깨어남 이후에도 목소리는 꿈인 듯 현실인 듯, 먼 듯 가까운 듯, 낯설게 또 친숙하게 들려온다. 이렇듯 목소리는 거리를 지우지만 동시에 지워지지 않는 거리감을 간직한다. 이곳과 저곳 사이, 여기와 저기 사이, 나와 그 사이, 나와 또 다른 나 사이의 거리감을 소멸시키면서 그것을 다시 자각하게 한다.

보존된 거리감, 그것은 목소리의 시원에 기입된 시차다. *We're late, darling, we're late.* 목소리의 보내짐 안에서 끝없이 지연되는 미래다. 발원지를 떠난 목소리는 기약 없는 만남이 된다. *I wait darling, I wait.* 기다림은 끝나지 않는다. 기다림은 완료될 수 없다. 그렇게 유예된 시간 속에서 목소리는 영원의 약속이 된다.

여기 도착했어. 목소리는 안에서 바깥으로, 바깥에서 안으로 되돌아간다. 입 밖으로 내뱉어진 목소리는 즉각적으로 귀 안으로 빨려 들어간

얼굴의 흔적이 드러나고 조니의 얼굴이 얼어붙은 후, 넬리의 입을 타고 흘러나오는 '기다리겠다'는 노래의 가사는 원래의 로맨틱한 의미 위로 절박하고 쓸쓸한 의미를 덧입는다. 정말로 '막은 내렸고', '우리는 이미 늦어버렸다'고.

영화는 끝나고 이 목소리는 어두운 화면을 지키고 서 있다. 그리고 우리의 뒷모습에 대고 나직이 외친다. 들어달라고. 대답해달라고.

되어감

"그래서 내게 영화란 영원한 '되어감'이다. 완성도 종결도
되지 못하는 계속됨이다. 스크린과 관객석 사이에서
출몰하는 몸, 본 것에서 보지 못한 것을 또 보지 못한
것에서 본 것을 건져 올릴 때 나타나는 몸, 나인 동시에
나이지 않은 몸, 틈을 허락하는 몸, 한껏 개방된 몸,
결코 합일을 이룰 수는 없지만 호환은 될 수 있는 몸."

—「도망으로부터」, 104쪽

We're late, darling, we're late
The curtain descends, everything ends
too soon, too soon
I wait, darling, I wait
Will you speak low to me,
speak love to me and soon

2차 대전 이후 나치의 억압을 피해 미국으로 망명
한 이후에도 반나치 활동을 이어갔던 유대계 독
일 작곡가 쿠르트 바일이 만든 곡 〈Speak Low〉는
이러한 가사로 끝이 난다. 우리는 너무 늦었고 막
은 너무 금방 내리지만 나는 당신이 사랑을 말해
주기를 기다리겠다는 내용이다.

영화 〈피닉스〉의 마지막 장면에서 넬리가
떨리는 목소리로 이 노래를 부르기 시작할 때, 역
설적으로 그녀의 목소리는 연극이 끝날 것임을
알린다. 그래서 노래 중간에 넬리의 지울 수 없는

160

다층적으로 복잡다단하게 요리조리…… 우리의
일상이 그러하기를.

2   amour de soi. 장 자크 루소가 말하는 자기 보존을 위한 원초적 자기애.

3   amour propre. 비교 행위를 통한 자부심과 허영심.

가 너무 크다. 나에 대해 생각하지 말아야겠다고 생각할수록 내가 너무 커진다. 우리는 자연 상태의 나를 사랑하는 능력[2]을 영원히 잃어버렸다. 타인의 눈을 통해서만 나를 본다.[3] 강박 관념과 자기혐오의 경주 같은 하루. 알면 알수록 불행해지지만 모르는 것은 죄다.

그러니 곁에 있는 이와 합심하는 편이 낫다. 혼자서는 먹을 수 없는 긴 젓가락으로 서로 떠먹여주며 살아남는 이야기처럼. 피노키오가 '한계있음'을 껴안고 다시 제페토 할아버지를 껴안음으로써 사랑을 직면하는 이야기처럼.

끊임없이 욱여넣어지는 삶을 살아온 친구를 다독이는 편이 낫다. 우리는 아주 오래 욱여넣어져왔지만, 그래서 너는 듣지 못하고 있겠지만, 볕도 있고 바람도 있고 비도 있다. 내가 벽을 부수어 들려줄게. 혼자서는 못하니까, 내 벽도 좀 부수어주라. 곁에서 벌어지는 소란스러운 침묵에 내 침묵을 포개면 나도 다독여진다.

피로한 싸움이지만 별수는 없다. 어느 책 제목처럼 "인간농장을 위한 규칙" 같은 것이기에. 아무도 쏘지 않은 화살이 자꾸 내 몸에 와 꽂히기에. 서로 망을 봐주는 셈이다. 저기 또 화살이 온다, 피해!

자아가 비대해지면 작은 실패도 너무 큰 절망으로 온다. 너도, 나도 그저 흘러간다고 서로 말해주는 게 좋겠다. 너도, 나도 고유하지만, 그걸로 뭔가를 사고팔지는 말자. 느린 속도로 모호하게

일상

> "한 개인의 신체가 지닌 곤궁함이
> 결국에는 같은 소리를 듣는 공동체를
> 가능하게 했다고도 할 수 있다."

―「침묵 안팎의 집」, 90쪽

조용한 새벽 옷을 갈아입다 문득 거울에 비친 벗은 몸을 본다. 어느 날은 어쩌려고 이러나 싶고 어느 날은 이만하면 됐지 뭘, 싶기도 하다. 내 몸을 내가 바라보는 단순한 일에도 정서적 굴곡이 인다. 몇 초쯤 지나고 나면 보이는 것에서 느껴지는 것으로 생각의 초점이 옮겨간다. 긴장한 듯 치솟은 어깨와 언제부턴가 당연하게 아픈 허리, 부은 다리와……

밤새 절인 배추 같은 뇌를 간신히 건져 올려 꾸역꾸역 책상에 앉는다. 나를 기다리다 쏟아지는 무수한 이야기 중 그래도 가치가 있다고 여겨지는 긴 글을 찾아 읽는다. 뭔가를 쓰기도 한다. 어김없이 내가 얼마나 초라한지, 쓸모없는 일들을 많이 하고 사는지 반성할 차례다. 그리고 이내 쓸모없는 일들로 돌아가야 한다. 쓸모없는 일들을 많이 하는 나를 자조한다. 자조만 할 수는 없으니 간간이 위로도 한다.

단단해지기 위해 쇠를 두드리듯 '나'를 계속 두드리다 지쳐가는 꼴이다. '나'가 너무 많고 '나'

의 나를 들여다보게 된다. 연약한 나를 인정하는 일은 내가 의존적이라는 사실을 받아들이는 일과 같다. 상다리가 휘어지도록 차려진 밥상과 좋은 산책길, 갓 볶은 원두로 정성스레 내려진 커피와 빵, 실없는 농담과 근본 없는 대화, 의기소침함을 푸닥거리해 주는 애정과 응원, 뭉친 몸을 따뜻하게 데워주고 자세를 바르게 잡아주는 손길……. 망하기 직전인 상태로 삶을 지속해갈 수 있는 이유는 이 끝없는 돌봄의 연쇄 덕분이다.

의존성에 대한 인식은 단순히 나라는 인간이 얼마나 많은 이들에게 도움을 얻으며 살고 있는지에 대한 알아차림만을 뜻하지 않는다. 그것은 더 근본적으로 한 존재가 다른 존재들에게 빚지지 않고서는 살아갈 수 없음에 대한 자각이다. 나의 의도나 의지와 무관한 빚짐, 불가피한 호혜의 관계, 그 안에서만 유지될 수 있는 생에 대한 깨달음이다. 그래서 취약함에 대한 앎은 내가 다른 존재와 함께 살아가는 것이 아니라 함께 살아갈 수밖에 없다는 그 '어쩔 수 없음'의 차원으로 나를 이끈다. 이 어쩔 수 없음이 우리를 우리답게 하는 건 아닐까. 완전하진 않지만 온전할 수 있도록.

불완전함

"유한성이라는 인간의 불완전함이
인간을 인간이게 하는 무엇이라고 말한다."

—「침묵 안팎의 집」, 87쪽

인간이 자신의 불완전함을 깨닫는 순간은 언제일까. 인간은 언제 자신의 한계를 자각하는가. 자신의 욕망이 좌절될 때? 이상과 현실의 괴리를 마주할 때? 자기 능력 이상의 무언가를 해야 한다는 요구에 직면했을 때? 나는 몸이 축났을 때를 꼽는다. 소진됨과 고갈됨을 느낄 때야 나의 한계를 온몸으로 체감하는 순간이니 말이다.

숨 쉴 틈 없이 휘몰아치는 일들 앞에서 수시로 비타민을 챙겨 먹으며 '이렇게라도 버텨야지'와 '이렇게까지 버텨야 돼?'를 반복한다. 명이 단축될지도 모른다는 불길한 예감을 떨치기 위해 운동을 한다. 앉은 자세로 굳어버린 근육의 비명을 들으며 의료원을 찾는다. 무겁게 가라앉은 눈을 가볍게 들어올리기 위해 초록이 드넓게 펼쳐진 곳으로 발길을 돌린다. 그렇게 '망하기 일보 직전'이기는 하지만 완전히 망하지는 않은 일상을 이어간다.

스스로의 한계를 절감하는 시간을 통과하며 내가 얼마나 나약한 존재인지를 새삼 깨닫는다. 내가 가진 취약함이 아니라 취약함 그 자체로서지는 않는다. 영혼처럼, 유령처럼 머물렀다가 사라진다.

노래에는 잃음과 얻음이 있다. 상실과 머무름이 있다. 침묵한 채로, 노래로 되돌아온 그 시간을 온몸으로 들어내고 또 살아내며 이따금 외로웠을 듣는 자들의 곁에 나의 외로움을 놓고 싶다. 이 노래는 일종의 붙듦이라고, 덕분에 우리는 상실을 조금 천천히 마주할 수 있는 거라고, 어쩌면 또 다른 탄생일지도 모른다고 위로의 말도 건네고 싶다. 그리고 당신의 침묵이 또 다른 노래를 가능하게 할 거라고 다독임의 말도 건넬 수 있다면.

사라짐

"말이 되지 못하는 것들이 노래가 되는 거라고,
나아가지도 되돌리지도 못하는 시간이
노래가 되는 거라고, 그래서 돌림노래처럼 어떤
시간은 계속해서 반복되는 거라고."

— 「말 바깥에서」, 76쪽

파스칼 키냐르는 음악가가 되는 일을 제2의 출생이라 이른다. 그 이유는 프랑스어로 'mue', 즉 변성 때문이다. 남자들은 사춘기가 되면 어린아이의 목소리를 잃게 되는데(여자의 경우 45세에서 50세 사이에 다른 방식으로 변화가 나타난다고 쓴다), 이는 그의 몸을 모국어에 이어주던 목소리, 변성을 겪지 않은 것 같은 어머니의 목소리에 입과 귀와 '유성有聲(소리가 있음)'의 기억을 이어주던 그 목소리가 영원히 사라지는, 영원히 회복되지 못할 절체절명의 사건이다. 음악가는 다시 돌아오지 않을 유년기를 포함하여 지나가버린 모든 것, 그리울 것과 이미 그리운 것, 멀어진 것, 잃어버린 모든 것을 몸으로 통과시켜 새로운 소리로 빚어낸다. 키냐르는 이를 '재-허물벗기'라고 쓴다.

음악이란 죽음을 통해 이루어진다. 어떤 한 세계를 잃음으로써, 그 근원이 사라짐으로써 시가 되고 노래가 된다. 물론 이 또한 영원히 지속되

153

를 한다기보다 듣기가 나를 하는 편에 가깝다. 그리하여 〈남쪽〉의 첫 장면이 보지 못함에도 들리게 할 때, 이 감각의 격차는 어린 딸이 어른들의 처지에 가닿을 수 없음에도 불구하고 그들의 비밀에 무방비하게 연루될 것을 예고한다. 이러한 연루가 소녀를 무엇으로 이끌지 알 수 없다. 다만 수동적으로 침입당했다는 사실이 중요하다. 귀는 몸을 몸의 자리에서는 선택할 수 없을 것으로부터 찔리도록 만들고, 이는 몸의 주체성과 깊게 관계 맺는다. 주체성은 어떻게 귀를 통해 그 경계를 의심받는가. 오래전부터, 꿈결에까지…….

영화의 마지막. 카메라는 다시 아빠의 비밀을 알게 된 소녀의 방을 비추고 소녀는 짐을 싸고 있다. 아빠의 비밀이기도 한 전쟁의 흔적을 찾아 소녀는 아빠가 젊은 시절 떠나온 남쪽으로 가보기로 한다. 자신의 것이 아니었던 전쟁의 기억을 향해 직접 몸을 움직인다. 곧 소녀는 그 기억에 도착할 테다.

듣기

> "병과 약에 취한 상태였다 해도 지난 며칠의 감상은
> 아주 오랜만에 강렬한 인상으로 남았다. 고차원의
> 이야기를 듣는 가장 이상적인 방법이 아닌가 하는 생각도
> 든다. 이완한 채로 어떠한 상태 혹은 세계로서의
> 음악에 빠져드는 것. 과 심미화된 세상을 가르며
> 맑게 울리는 종소리를 온몸으로 듣듯."

—「음악 아닌/없는 음악 듣기」, 65쪽

빅토르 에리세의 영화 〈남쪽〉의 첫 장면은 나를 어린 날의 순간으로 곧장 데려다 놓는다. 아빠의 비밀을 알고 있는 딸의 시점에서 전개되는 이 영화는 새벽녘의 어스름한 방 안에서 시작한다. 화면 속에서 대부분의 것들이 잘 보이지 않지만, 카메라가 비추지 않는 방문 너머 소리들은 어둠을 비집고 장면에 흘러 들어온다. 사라진 아빠를 찾는 엄마의 목소리다. 이 어둠 속에는 잠에서 깬 어린 딸이 있고, 귀의 감각만이 선명히 떠오른다. 나는 여기서 어린 시절 눈을 감은 채로 엿들었던 어른들의 수많은 비밀들을 겹쳐 듣는다. 내 의지와 상관없이 고백, 갈등, 화해, 분노, 사랑의 '목격자'가 되었던 어느 날들.

자는 척 타인의 사연을 듣게 되는 밤에 수많은 어린이들은 '귀'가 다른 감각 기관과는 다르다는 사실을 처음으로 느끼게 되는 것 아닐까. 귀는 선택적으로 닫을 수 없어서 때에 따라 내가 듣기

151

십 년 전쯤 제가 음악 기자 생활을 할 때는 어떤 음악이나 음악가에게도 '여성적'이라는 수식어를 쓰지 않기 위해 노력했습니다. 선생님이 생전에 들으시던 '여성적'이라는 평가와 제가 피하려 했던 '여성적'이라는 표현의 의미, 그리고 오늘날 사람들이 논쟁하는 '여성적'이라는 말이 지겹도록 비슷하고, 또 놀랍도록 다르다는 게…… 믿어지시나요?

선생님의 일상이 늘 전투적이었을 거라고는 당연히 생각하지 않습니다. 선생님의 짧은 피아노곡들을 들으면 아이들과 춤도 추고 맛있는 것도 먹으며 행복해하셨을 모습이 상상됩니다. 행복한 기운을 남겨주셔서 고맙습니다.

언젠가 마주 앉아 대답을 들을 날이 있겠지요. 그때까지 저는 더 많은 질문을 품게 될 테고요. 선생님이 들으시기에 좀 나은 변화의 모습도 들려드릴 수 있기를 바랍니다. 부디 건강히 지내십시오.

습니다.

저는 선생님의 곡들이 좋습니다. 특히 바이올린 협주곡 2번이 좋습니다. 교향곡 3번 3악장도 재밌고요. 아, 랜들 구스비라는 젊은 바이올리니스트가 연주하는 〈Adoration〉도 좋아합니다. 몇 달 뒤에 어느 미술관에서 자연 친화를 콘셉트로 연주회를 기획하기로 했는데요, 〈Rainbow Waltz〉를 올리자고 제가 추천도 했습니다.

선생님의 곡은 정말 신기합니다. 제가 알던 교향악의 세계에는 없던 표현들이 아무렇지도 않게 흘러나오는데, 그 모든 순간에 내재한 힘이 특히 좋습니다. 그 좋음이 어떤 대목에서는 가슴 떨림으로, 어떤 대목에서는 막 울고 싶은 심정으로 제 안에 일어납니다.

선생님, 선생님은 어떻게 당시 음악계 내외부에 당연하게 존재하던 거대한 고정관념에 움츠러들지 않으셨나요? 아마도 그것들이 만들었을, 선생님 내부에 살아 돌아다니는 '타자'를 어떻게 똑바로 마주하셨나요? 성서처럼 주어지는 '음악 형식'이라는 틀 안에 내면의 복잡성과 취약성을 어떻게 그대로 담아내셨나요? 두렵지는 않으셨나요?

훌륭한 부모님 아래 좋은 집에서 깨끗한 오선지와 연필을 들고 무언가를 쓸 수 있다는 특권이 때로는 무거우셨나요? 그럴수록 더 '나'의 이야기를 써야 한다고 생각하셨나요? 질문이 너무 많아서 죄송합니다.

여성적 글쓰기

"여성적 글쓰기가 무엇인지 말할 수 없다 해서
그것이 존재하지 않는 건 아니다. 여성적 글쓰기는
분명 있다. 다만 그것이 생물학적·해부학적
본질주의에 근거하지 않을 뿐이다."

―「어떤 죽음과 탄생」, 54쪽

플로렌스 프라이스 선생님. 안녕하세요. 저는 21
세기를 살고 있는 청년 여성 인간입니다. 저는 아
시아의 한국이라는 나라에 살고 있어요. 제가 선
생님을 어떻게 아는지 궁금하신가요? 애플 뮤직
이라는 클래식 애플리케이션을 켜서 선생님의 얼
굴 이미지를 클릭하면 선생님의 곡들이 수준 높
은 연주로 흘러나온답니다. 당최 무슨 말인지 잘
모르시겠지요? 어디서부터 설명을 드려야 할지
모르겠습니다만, 선생님이 돌아가시고 한참이
지난 2009년에 별장으로 쓰시던 일리노이주 집
에서 선생님의 미발표곡 악보들과 논문들이 발
견되었고, 악보 출판사 쉬머Schirmer가 판권을 사들
였다고 합니다. 그래서 요즘 젊은 음악인들이 선
생님의 곡을 연주도 하고 연구도 열심히 하고 있
어요. 1933년 시카고 심포니가 선생님의 교향곡
1번을 연주하면서 유수의 오케스트라가 작품을
연주한 최초의 아프리카계 미국인 여성 작곡가로
선생님이 기록되었다는 사실도 그래서 알게 되었

지 않은가, 하고 생각했던 시기다.

아이를 낳고 벽에 붙은 책상에 가 앉는 일이 아득해졌을 때 나는 충동적으로 8인용 식탁을 사 들였다. 평범한 아파트 거실에 다소 부담스러운 크기였지만 얼마간 지나니 또 금방 적응됐다. 이제는 그 식탁에서 새로이 짊어지게 된 역할들을 죄다 끌어안은 채 글을 쓴다. 때로는 음식이, 건조되어 나온 뜨거운 수건들이, 아주아주 먼 곳으로 데려다줄 책들이 번갈아 놓이는 그곳에서 담과 벽과 길을 떠올린다. 언제든 벌떡벌떡 일어날 수 있는 벤치형 의자에 앉은 채로.

지금의 자리에서 나는 전보다 많이 읽고, 또 적게 쓴다. 새로운 의자가 그렇게 만든 것인지 이 시기가 읽기 욕구를 불러일으키는지 알 수는 없다. 덕분에 내가 상실한 것, (여러 이유로) 나로부터 추방된 것, 떠나보내기 어려운 것에 끝끝내 가닿으며 언젠가 새로이 쓰일 글을 어딘가에 차곡차곡 쌓는다.

'너'와 '나'의 때늦음은 창문 밖 담과 벽과 길을 떠올릴수록 고독과 자조와 울음을 낳지만, 그 때늦음의 '동안'에 꽤 선명하고 의미 있는 일이 일어날 수 있다. 쓰지 못한 시간까지 편지가 된다고 마지막 「현기증의 편지」에 이어 쓴 그 문장까지 나는 꾹꾹 눌러 읽는다. 의자에 앉은 우리는 아마도 영영 유예된 시간을 앞에 두고 글을 쓸 테니 말이다.

의자

"의자에 있다는 것은 하나의 아주 작고 좁은 시공간에
고정되어 있다는 뜻이기 때문이다."

— 「어쩌면 영원할 미룸」, 47쪽

무언가에 '대한' 글은 반드시 '때늦음' 감각을 지닌다. 귀를 막 통과한 음악 작품의 흥분이 채 가라앉기 전, 서둘러 받아 적던 그 의자 위에서도 늘 때늦음에 대한 의심이 있었다. 사라져버릴 아름다움에 의미와 가치를 부여하는 일이라는 확신이 내 안에서조차 금방 시들 것을 어느 시기부터는 알았다. 그래서 조급함으로 혹은 불안함으로, 때로는 허무함으로, 월간지 편집부 구석의 오래된 의자 위에서 이십 대의 어느 시기는 그런 마음으로 보냈다.

대학 내 연구실의 의자는 더 낡고 열악했지만, 때늦음을 인정할 수 있어 좋았다. 때늦음에 마땅한 이유를 만드는 과정도, 허무함 대신 부담감을 느끼게 되는 순간들도 마음에 들었다. 그러나 글쓰기를 위한 글 읽기, 글쓰기를 위한 창문 밖 보기가 가능해졌다는 건 그 한계를 온전히 글로 마주하는 일이라는 걸, 책임과 의무가 주어지는 일이라는 걸 천천히 깨달아가며, 나는 별수 없이 썼던 문장을 지우고 또 지우며 완결을 미루게 됐다. 애초에 한계를 지닌 글이라면 쓰지 않는 편이 낫

난 일을 마치면

바에서 맥주를 마신다

잔을 내려다보면

기분이 좋다

그는 5, 6, 7차원을 어슬렁거리다가도 자신의 맥
주잔으로 돌아와 흐뭇한 미소를 짓는다.

1   패터슨이 쓴 시.

삶을 지탱한다. 관찰과 창작 사이 얼마간 머리로 단어와 심상을 굴려보기는 하지만 그러는 동안에도 그는 언제나처럼 아내가 싸준 점심을 먹고 있거나 버스를 운전하고 있다. 이 삶은 창작이라는 말이 의미를 과도하게 집어삼키지 않도록, 위험할 정도로 일상을 굴복시키지 않도록 스스로를 지키고 서 있다. 그는 창작 안에 삶을 밀어 넣는 대신 그 삶 안에 창작을 포용한다. 이때 그의 몸은 반복으로 지어진 단단한 건축물이 된다. 하나의 건축물은 땅으로부터 돌출되는 것이라기보다 침식과 풍화로부터 자신 됨을 지켜내는 것, 그 담담한 균형을 통해 서 있다.

그리하여⋯⋯

또 다른 공간1

어린아이 때는
세 개의 차원을 배운다
높이와 넓이, 깊이
그것은 신발 상자와 같다

좀 더 자라면
네 번째 차원이 있다고 듣는다
시간
흐음
이런 말들도 한다
5차원, 6차원, 7차원이 있다고⋯

반복

"유한한 반복을 통해 결국 도달하게 될
어느 한 지점을 꿈꾸고 상상하는 삶에서, 그 반복 자체의
의미를 추구하는 삶으로 조금씩 바뀌어간다."

—「리듬 인지」, 35쪽

오하이오 블루 팁. 매일 아침 식탁에 있는 이 성냥
갑으로부터 영화〈패터슨〉의 시는 시작된다. 패
터슨에 사는 패터슨 씨는 성냥갑을 손에 쥐고 한
참을 바라본다. 그러고는 일하고, 밥을 먹고, 걷는
동안, 그리고 다음 날이 되어서 같은 하루를 반복
하는 동안 계속 그 장면을 떠올려본다. 그사이 시
는 행을 추가하며 이어진다. 그가 보기 전에는 그
저 한 종류의 성냥갑이던 것이 그의 발견 후에는
그가 제일 좋아하는 제품이자 견고하고 훌륭하게
생긴 작은 상자가 된다. 그의 시가 된 후에는 불꽃
같은 사랑의 마음이 이 파란색 성냥갑 안에 담겨
있다. 이 성냥갑은 이제 사랑의 마음을 확성기에
대고 외치고 있다.

하나의 사물이 사랑을 외칠 수 있도록 만드
는 것은 시인의 관찰과 창작이다. 그리고 이 모든
것들을 에워싸는 반복으로 패터슨의 일상은 흐른
다. 그에게 반복은 그 자체로 창작의 과정이기는
하지만, 그전에 그는 반복을 통해 '창작'으로부터
그 자신을 지키는 사람처럼 보인다. 그는 몸으로

- 인덱스

  - 단어

나는 여전히 어지럽지만, 이 어지러운 곳에서 '우리'는 만날 것이다.

이곳에서 내가 떠올리는 '우리'는 "공동체에 대한 요구가 지속되게 하는 원리로서의 문학적 친구"[7]를 닮아 있다. 여기서 나는 같이 쓰(지 못하)는 동료들을 기다리고 있지만, 잘못 도착할 수 있다는 것을 알면서도 내가 편지를 쓰고 싶은, 이름 모를 수신자도 부르고 있다. 지난밤 꿈에 나왔던 구체적인 죽음들, 넬리, 아우슈비츠, 레네, 하툼의 엄마, 가자 지구, 탈자아타르, 데이르 야신, 사브라, 샤틸라, 크파르 카셈, 블로그 이웃들, 우리…….

---

[7] 최가은, 「문학적 친구 — 아무것도 될 수 없는 장소」, 《자음과모음 2024 겨울 63호》, 자음과모음, 2024, 37쪽.

이런 간극이, 보이는 것과 보이지 않는 것 사이의 간극이,

얘기된 것과 얘기되지 않은 것 사이의 간극이,

저는 좀 어지러워요. 기도나 광기와 그다지 다르지 않은

현기증이지요. 우리가 만났으면 하는 곳이

그런 곳이에요. 오고 계세요?

사랑을 담아, 이브. "[5]

우리는 연대와 나눔의 행위(몸짓)를 통해 거대한

전체를 이해하고 인식해. 그런 행위가 희망을,

(그 행위가 약속하는 어떤 것이 아니라 그 행위의 성질

자체가) 백삼십팔억 년 전에 있었던 빅뱅만큼이나

큰 희망을 구현하는 거야!

너는 아직도 그 경계에 있니?

사랑을 다해, 존"[6]

이전에 알던 방식으로는 쓸 수 없는 상태, 잘못 도착할까

걱정되어 쓸 수 없는 상태, 이 모든 것들을 끌어안는

편지로서의 쓰기와 답보 상태로서의 무기력. 쓰지

못하는 몸이 쓰는 몸과 만나게 되는 이 자리가 공허하게

비어 있지 않으려면 편지를 쓰는 마음과 경험의

지속을 믿게 하는 희망이 무엇인지 알아야 한다.

5　존 버거·이브 버거, 신해경 옮김, 『어떤 그림』, 열화당, 2021, 33쪽.
6　같은 책, 37쪽.

『우울: 공적 감정』에서 아무것도 할 수 없는 상태,
우울의 감정을 로런 벌랜트의 답보 상태에 대한 설명을
참고하여 사회정치적 의미로 개념화한다. 벌랜트는
답보 상태를 "경험이 계속 이어진다고 희망하는(그렇지
않으면 정말 끝이니까) 그저 지연이라고 표시되는
상태"[3]라고 보면서, (지식의) 대상에 대해 쉽게
판단하거나 말할 수 없을 때 이 시간은 생산적일 수
있는 답보 상태가 되며 이때 우리는 오히려 대상을
"서툴게 접근하고 에둘러 설명하며 변화될 수밖에
없는, 일관되지 않지만 가까운 애착들이 뭉치를 형성한
독특한 장소"[4]로 이해하게 된다고 말한다. 이를 통해
앤 츠베트코비치는 앞으로 나아가지 못하는 우울의
상태를 세상에 대한 이해를 달리할 수 있는 변곡점으로
위치시키며, 이 시간에서 잠재력과 창의성을 발견한다.
여기서 중요한 것은 "경험이 계속 이어진다"는
희망이다. 중단과 지연이 끝이 아니라는 희망을 통해
무기력은 경험과 지식의 지대 안에 중요한 자리를
차지하게 된다. 이는 마치 편지의 경로를 닮아 있다.

현기증의 공동체
우리의 이해를 넘어서는 것이 너무 많아요. 닫힌 듯이
보이는 것에도, 심지어는 닫힌 것에도 여전히 너무나
많은 것이 열려 있어요. 우리 의식과 감정 사이의

---

[3] 앤 츠베트코비치, 박미선 · 오수원 옮김, 『우울: 공적 감정』, 2025, 마티, 49쪽.
원문인 로런 벌랜트의 『잔인한 낙관』은 조금 다른 버전.

[4] 같은 책, 49쪽. Lauren Berlant, Starved, Durham, NC: Duke University
Press, 2007, 434~435쪽 재인용.

방법, 조치의 의미도 지닌다는 점을 떠올리며 거리의
측정 수단이기도 하지만 거리의 조치이기도 한 편지,
그리고 편지로서 글의 모습을 본다.

무기력, 우울, 답보와 희망

오배송과 늦은 도착의 가능성까지도 내포하며 쓰는 것이
편지라면, 편지가 헤매는 시간은 이탈 혹은
탈락의 시간이 아니다. 편지의 경로가 달리 그려진다.
쓰지 못하는 몸도 그 경로 위 어딘가에 위치한다.
이제 중요해지는 것은 편지의 마음, 즉 글이 '거리감에
대한 조치'가 될 수 있다는 일종의 희망이다. 쓰지 못함과
씀이 편지로서의 글을 통해 서로에게 연결되는
관계를 맺는다면, 무기력과 희망 사이에도 다른 지형이
있을지 모른다.

아무것도 쓸 수 없다고 느끼던 작년에 나는
한 편의 글이 될 수 없는 무엇이라도 일단 써보자는
심정으로 블로그에 일기를 쓰기 시작했다. 그러면서
평소 친애하던 여러 작가와 동료의 블로그를 자연히
접하게 되었고, 그곳에서 많은 사람들이 나처럼
쓸 수 없다는 감정을 느끼고 있다는 사실을 알게 되었다.
계엄과 혐오 발언, 노동자의 죽음과 전쟁이 연쇄되는
요즘 상황에 글 쓰는 일은 아무것도 할 수 없다는
의미에서 많은 사람들이 말 그대로 무력감을 공유하는
것은 당연한 일처럼 보이기도 했다.

그곳의 많은 게시물은 쓰지 못해 쓴 글 조각에
가까웠다. 그러나 내게는 그것이 완성보다 나은
중단이라고 느껴질 때가 많았다. 앤 츠베트코비치는

'아우슈비츠'는 유대인뿐 아니라 유대인 외의 세계의 수많은 다른 사람에게도 '사건'의 기억을 전달하는 용어로 존재한다. 이에 반해, 팔레스타인 사람에게는 폭력의 기억, 즉 단독적인 '사건'의 기억 자체이기도 한 탈자아타르, 데이르 야신, 사브라, 샤틸라, 크파르 카셈 등과 같은 명칭이 팔레스타인 지역 출신 외의 사람들에게는 그저 무의미한 소리의 나열에 지나지 않는다는 사실이 보여주는 깊은 간극에 우리는 놀라지 않을 수 없다.[2]

그리고 〈거리측정〉은 거리감을 드러내는 데서 그치지 않는다. 영화에서 편지가 거리감이라는 구조를 드러낼수록 선명해지는 것은 편지의 마음이다. 그럼에도 쓰는 심정, 편지로밖에 쓰일 수 없는 말, 수신자와 발신자의 관계, 여기서 편지는 오히려 편지의 기능을 어렵게 하는 장애물을 통해 그를 넘어서는 여분의 것들로 스스로를 조건 짓는다. 요컨대 엄마가 "내전 때문에 이 편지가 잘 전달될 수 있을지 걱정된다"고 쓰면서 이 편지는 가장 편지다워진다. 그리하여 씻고 있는 엄마의 나체가 하툼이 가장 가까이 다가가고 싶은 엄마의 내밀한 몸이라고 할 때, 편지의 시간이 지날수록 엄마의 사진은 처음보다 점점 더 알아볼 수 있는 몸이 된다. 나는 이 영화의 원제인 'Measures of Distance'에서 'Measure'가 측정이라는 의미를 갖기도 하지만 수단,

---

2 오카 마리, 김병구 옮김, 『기억 · 서사』, 교유서가, 2024, 12쪽.

하툼은 그러한 가정에서 1952년 태어난다. 그리고 하툼은 1975년 짧은 일정으로 영국을 방문했다가 레바논에서 내란이 일어나면서 영국에 억류된 것을 계기로 영국에 거주하게 된다. 발신인과 수신인에게 발신지와 수신지가 자신의 완전한 집이 아니라는 점에서 둘 사이의 거리감은 더욱 복잡한 층위를 지니게 되고, 여기서 편지의 목소리는 여러 방향으로 울려 퍼진다.

화면이 비추는 것이 씻고 있는 엄마의 몸이라는 것을 알아볼 수 있게 될 즈음, 그 위로 겹쳐 있는 편지의 줄과 글자는 오히려 엄마의 맨몸으로 가닿는 일을 가로막는 담장처럼 보인다. 더군다나 이 글자가 아랍어고 이 영화를 한국에서 상영할 당시 감독의 요청으로 한국어 자막을 지원하지 않았다는 점을 생각할 때[1], 언어라는 담장은 엄마와 딸, 레바논과 영국 사이 소통의 어려움을 드러내기도 하지만 작품과 관객, 레바논과 한국 사이를 가로막는 장벽이 되기도 한다. 한국 관객뿐 아니라 많은 국가의 관객들은 엄마가 보낸 편지의 아랍어 글자와 그 내용을 영어로 읽는 딸의 목소리 중 영어 낭독을 더 분명하게 알아들을 것이다. 이때 레바논에서의 현실, 즉 발신자의 몸은 그곳 너머 수신지에서는 접근하기 어려운 곳이다. 나는 이 흐릿한 지대에서 오카 마리의 문장을 겹쳐 듣는다.

하지만 '사건'의 단독성이라는 지평을 생각할 때

---

1   2019년 서울국제뉴미디어페스티벌(NeMAF).

편지의 형식이 되며 이때의 몸은 편지를 쓰는 몸이 된다.
발신과 수신 사이 거리감까지도 포함된 것으로써의
쓰기. 이 편지는 내게서 잘 출발해 마땅한 곳에 제때
도착할 수 있을까.

거리측정

모나 하툼의 영화 〈거리측정〉은 내게 편지에 관한
영화다. 화면은 하툼이 엄마의 씻는 모습을 찍은
사진들로 구성되어 있고, 그 사진 위에는 아랍어 편지가
겹쳐 있다. 엄마의 사진은 해상도가 낮기도 하지만
그 위로 아랍어 글자가 쓰여 있고, 또 사진의 시야가
어딘가 제한되어 있기 때문에 영화 초반에는 피사체가
한 사람의 몸인 것을 알아보기가 어렵다. 하툼은
엄마가 보낸 편지 내용을 영어로 낭독하고, 그 소리와
함께 하툼과 엄마의 작은 대화 소리가 겹쳐 흐른다.
편지의 다정한 내용과 엄마와 딸의 웃음 섞인
말소리에도 불구하고 이 영화는 편지가 지니는 연결의
기능보다는 단절된 공간과 이질적인 시간의 감각을
전하는 듯 보인다. 모든 것이 선명하지 않은 채로
전달된다. 오히려 여기서 편지가 드러내는 것은 엄마와
딸 사이의 거리감이다.

편지는 엄마가 있는 레바논 베이루트에서 딸이
있는 영국 런던으로 쓰인 것이다. 이미 둘 사이에는
먼 거리가 있어서 서로 닿기 쉽지 않지만, 모녀 각자의
위치에는 한 차원의 겹이 더 놓여 있다. 하툼의 가족은
팔레스타인 사람으로 팔레스타인에 살다가 1948년
이스라엘 정부가 세워지면서 레바논으로 망명했고

넬리의 얼굴과 레네의 죽음, 완료형의 글과
진행형의 세계. 그 사이에서 내 글은 꼭 개장하지 못하고
낡아가는 극장처럼 보였다. 여전히 한편에서는 내 몸에
들러붙어 기억을 요청하는 아우슈비츠의 이야기들을
만났지만 그러는 동안에도 가자 지구의 건물들이
폭파되고 많은 사람들이 죽거나 다쳤다. 믿기지 않지만
둘은 동시에 벌어지고 있다. 아우슈비츠의 트라우마와
가자 지구에서의 제노사이드. 아무것도 하지 못하고
옴짝달싹할 수 없는 상태는 보통 양쪽의 마음이 모두
강하게 있을 때 생긴다고, 누군가는 그랬다.

이 둘은 양자택일의 문제가 아니며 둘 다
홀로코스트라는 기호를 반복하고 있다는 점에서 겹쳐
생각할 지점이 있지만 각각의 절멸은 다른 것으로
등치될 수 없는 개별적인 사건이기도 하다. 추방된 몸에
대한 글들이 오랫동안 홀로코스트, 트라우마, 기억의
문제 안에 아우슈비츠를 절대적인 대명사로 기입하는
서구 이성의 영향 안에 있었던 것이라면, 이제
나는 이전에 썼던 글에 대해서도 어떤 식으로든 다시,
더 생각해봐야 했다.

그렇게 (못) 쓰는 시간 동안 나는 거리감을
생각했다. 주체와 대상이라는 서구 이성의 오래된
이분법, 그곳에서 생기는 거리감을 고민하며
「어쩌면 영원할 미룸」을 썼다면 이제는 쓰는 시공간과
읽는 시공간의 차이에 관해서 생각한다. 이전에 쓰인
글과 지금 쓰(지 못하)는 몸과 이후에 읽힐 글이 있다.
그리고 이들이 서로 먼 좌표와 시간에 위치할 수도
있다고 생각할 때, 현재 (못) 쓰는 글은 필연적으로

있겠다는 두려움이 있었고, 동시에 폭력을 재생산하는
요인들이 분명 어떤 임계점에 도달했기에 세계를
수리하기에는 이미 늦어버린 것 같다는 무력감도 있었다.
이 시기 동안 사적으로는 주변에 자신에게 닥친 일로
아프고 힘들어하는 사람들이 유달리 많았다. 그런데
그들은 대게 그 모든 소식에 귀를 열고 세상은 이러한데
자신은 이렇게 살아 있다는 데서 괴로움을 느끼는
사람이기도 했다. 나도 그들과 함께 있었고 종종 낮에
보고 들은 죽음의 모습을 구체적으로 반복하는 꿈을
꾸고는 했다.

레네의 죽음

이 꿈은 내가 기존에 썼거나 앞으로 쓸 글의 방향에
대해 질문했다. 나는 솔직히 어지러웠다. 전쟁이라는
이름으로 팔레스타인 사람들에 대한 집단학살이 이어진
지 이 년이 되어가고, 우리가 함께 글을 쓰고 언젠가
책이 되기를 기다리며 멍하니 있던 시간과 거의
일치한다. 「맨얼굴 앞에서」에서 다루지는 않았으나,
영화 〈피닉스〉에서 주인공 넬리를 도와주는 친구
레네는 팔레스티나로 떠날 계획을 세우지만 결국 권총
자살로 생을 마감한다. 〈피닉스〉에 관해 쓰고자 했던
계기가 넬리의 얼굴이었다면, 글을 마치고 나서,
그리고 이스라엘의 공격이 시작되고 난 후, 〈피닉스〉에서
떠나려는 나를 불러 세우는 것은 레네의 죽음이다.
이제 레네의 입에서 나오는 팔레스티나라는 지명과
이주를 앞둔 그녀의 자살은 내게 이전보다 훨씬 더
복잡한 의미로 다가온다.

현기증의 편지

쓰(지 못하)는 몸

한 편의 글을 시작하며, 그리고 한 권의 책을 마무리하며
글을 도통 쓰지 못하겠다고 고백하면 어떻게 될까.
오랫동안 제대로 쓰지 못했다. 이후로 몇 계절이
지나고 또 그 계절을 반복하는 동안 기존에 써놨던
글들을 그러모으거나 수정하는 정도밖에 할 수 없었고,
대부분의 날들은 아무것도 쓰지 못한 채 지났다.
글을 쓸 때 쓰지 못하는 시간은 응당 찾아오는 것이며
쓰지 못하는 시간까지도 쓰는 시간이라는 말은 진심
어린 위로이면서 어느 정도 사실이지만, 이렇게 긴 시간
동안 쓰지 못한데도 그런 것인지 알 수 없었다. 주변
사람들이 안부를 물어올 때면 '쓰(지 못하)는 중'이라고
답했다. 쓰지 못하는 시간 중 어디까지, 혹은 어디서부터
쓰는 시간이라고 할 수 있을까.

그사이 많은 일이 있었다. 하마스의 기습 공격을
기점으로 그에 대응하는 이스라엘의 무차별적
보복이 시작되었고, 많은 노동자들이 일하다가
다치거나 죽었고, 비상계엄이 있었다. 각각의 사건은
간략한 나열로 가늠되지 않는 충격적인 일이다.
이전의 시간으로부터 단절된 채 예외적으로 발생한
일이 아니었기에 이와 비슷한 일이 앞으로도 반복될 수

있다. 가정 폭력 피해자 쉼터의 데니즈가, 알렉스의
재능을 인정하고 일류 변호사 친구까지 연결해주는
레지나가 대표적 인물이다. 그 외 알렉스의 어깨를
두드려주고, 마음을 두드려주고 스쳐 지나간 몇몇이 있다.

'새로운 주체'가 된다는 건 모든 관계와
과거를 끊어내는 일이 결코 아니다. 내가 나아가고자
하는 방향으로 잘 서 있어야만 만날 수 있는 이들과
잘 조우하는 일임을 나는 천천히 안다. 출산 후 얼마
지나지 않아 쓴 글들을 이제 와 들춰보면 꼭 상대가 없는
싸움 같다. 격양되어 있다고 할까. 극의 초반 알렉스와
비슷한 표정을 하고 있다. 나의 조용한 희망들로 서서히
나아가는 것이 삶이라는 걸, 깨달음이란 한순간이
아닌 아주 오랜 시간이 걸려 떠오르는 것임을 알아간다.

이 시기에 아도르노를 다시 읽게 된 건 우연이었다.
제2차 세계대전을 목도하며 쓴 책으로 산후우울증에
도움을 얻을 줄은 정말 몰랐다. 나는 아도르노의
에세이들을 다시 읽으며 언어와 지도를 차곡차곡
얻어가는 기분을 느꼈다. 세상은 여전히 아름답고 행복한
엄마로 나아가야 한다고 강요하고 있고, 그때의 나는
그 안에서 어영부영 자신을 치장하며 위로하고 있었다.
그렇게 아도르노의 눈으로 알렉스를 보게 됐다.

알렉스의 절망과 분열을 기뻐하고, 슬픈 학문이라
불리는 아도르노의 부정 미학에 도움을 얻어가며
진실한 '나'를 찾아간다. 메디를 한 팔에 안은 알렉스가
알고 보니 별것도 아니었던 덤불을 헤쳐 산 정상에 닿았던
것처럼 한 발 한 발.

홀로 서 있는 기분이기에. 이 모든 걸 이겨낼 의지와
이유를 찾지 못해 공포스러웠던 순간들을 나 또한
기억한다. 알렉스가 그럭저럭 괜찮은 엄마로 보이기 위해
어영부영 자신을 치장하고 위로하지 않아서
또 한 번 다행이다.

아도르노는 결론 부분에 이르러 다음과 같이
말한다. "'가능성'을 위해 사유는 자신의 불가능성을
파악해야만 한다. 사유에 부과된 이러한 요청을 염두에
둔다면 구원의 현실성이 있느냐 없느냐 하는 질문은 별로
문제가 되지 않는다."[3]

알렉스와 나

⟨조용한 희망⟩에 출연하는 알렉스 역의 마거릿 퀄리와
메디 역의 아역배우 라일리 너베이어 위텃이 실제로도
모녀 사이라는 사실은 작품을 바라보는 데 행복한
감흥을 준다. 엄마는 아이가 하는 사소한 행동들이 모두
웃기게 마련인데, 배우 퀄리가 때때로 진심으로 터뜨리는
듯한 찰나의 웃음들이 엄마의 마음을 가진 관객의
눈에는 보인다. 마치 도장 깨기 혹은 장애물 넘기 같은
고통스러운 이 작품의 전개에 숨 쉴 틈을 만든다.

알렉스가 붕괴를 겪고 자기 자신을 구하는 모든
과정에는 조력자들이 있다. 그러니까 알렉스가 불행한
현실에 '잘' 안주할 수 있도록 끌어내리는 방식으로
선의를 베푸는 이들 말고, 알렉스가 온전한 자기 세상으로
메디와 함께 다다를 수 있도록 끌어 올려주는 이들이

---

[3] 같은 책, 326쪽.

수는 없다는 기준이 그에겐 있다. 손은 말한다.

"우리는 적어도 메디에게 그런 부모는 아니잖아."

매일매일의 노동과 돌봄의 사정 앞에 이만하면 괜찮다는 유혹이 발목을 휘감는다. 그러나 파르르 떨리던 알렉스의 눈꺼풀이 더 이상 떨리지 않는 순간이 온다. 알렉스는 점점 자신이 봐야 할 곳을 안다. 누구 하나를 가해자나 악인으로 삼는 대신 알렉스는 자기 자신을 슬퍼한다. 자기 삶이 슬픈 삶이라는 걸 깨닫는다. 아도르노가 자신의 시대를 외면할 수가 없어 슬펐던 것처럼, 알렉스는 그보다는 작은 범위로 자기 세상을 보며, 스스로가 아니면 자신을 구원할 길이 없다는 걸 알기에 슬프다. 자신이 불쌍한 존재일 리 없다는 허상에 사는 폴라와 다른 결말에 이르는 이유가 여기에 있다.

「맨발의 빌리 집」「포르노 잡지를 보는 집」「나쁜 년의 집」 같은 글은 슬픔으로부터 쓰인다. 알렉스의 대입 포트폴리오가 되고, 또 작가로서 이름을 알리게 해주는 이 글들은 꽤 괜찮았던, 꿈도 있고 젊음도 있던 자신을 내던지고 청소부로서 정체성을 온전히 받아들였을 때, 그 세계의 질서와 규칙을 어느 정도 이해함으로써 쓰인다. 변기가 저절로 깨끗해질 일은 없다는 걸 깨닫고 두 손을 걷어붙이고 머리를 처박음으로써 알렉스는 그 고통의 감각을 글로 써낼 능력을 얻는다.

이 과정이 얼마나 어려웠을지 짐작한다. 그에게는 엄마라는 또 다른 정체성이 있기에. 엄마란 늘 꽤 괜찮아야 한다. 꽤 괜찮은 엄마라는 자기 합리화가 없다면 출산 전후의 모든 과정은 버텨내기가 고통스럽다. 끝도 모르고 전략도 없는 전쟁터에 살부터 술에 노출되었고, 열세 살에 굶고 있는 동생을 위해 돈을 구하러 나가야 했다. 그의 직업은 바텐더다. 알코올 의존증을 극복하려 노력하는 서사가 그에게 있다. 벽을 치고 물건을 집어 던지긴 해도 알렉스와 메디에게 직접적인 폭력을 행하지는 않았다는 명분 (명분이라고 할 수 있다면)이 있다.

알렉스가 다섯 살 때 기약 없이 떠나버린 친부는 재혼 후 쌍둥이 자녀를 성실하게 돌보며 종교 생활도 하는 건실한 인물로 등장한다. 그는 자신도 알코올 의존증을 앓았던 질병력이 있고, 알렉스 엄마의 극심한 감정 변화를 버티기 어려웠다는 이유를 들며 떠날 수밖에 없었다고 고백한다. 이제라도 어떻게든 알렉스 가족을 도우려 애쓴다. 알렉스가 집 안의 모든 크고 작은 공간이 온통 자물쇠로 채워진 기이한 집을 청소하지 않았다면, 공황 발작으로 어린 시절의 어느 한순간을 떠올리지 않았다면 친부의 다정함에 기댔을 수 있다. 알렉스의 엄마는 그로부터 폭력을 당한 경험이 있고, 그날의 어린 알렉스는 찬장에 숨어 두려움에 떨었다.

친부는 끝끝내 사과하지 않는다. 인정도 하지 않는다. 너무 어렸고 기억도 잘 나지 않는다고 말할 뿐이다. 폴라가 망각, 회피형 인물이 되어 꿈과 환상만 그리며 살게 된 이유가 여기에 있을까. 폴라는 불행했던 과거를 돌아보지 않는다. 오지 않은 미래만 늘 끌어다 쓴다. 알렉스가 폴라와 다른 이유는 자신이 느끼는 수치를 들여다보기 때문이다. 그게 어떤 이유라도 어떠한 배경이 있었더라도 폭력을 정당화할 사회 속으로 나아갈 방법을 알렉스는 스스로 키워간다.

알렉스의 엄마 폴라는 젊은 시절 가정 폭력 등을 겪으며 조울증이 심해진 인물로, 스스로 굉장한 예술가라 여기는 망상증을 앓는다. 일부 장면에서는 내가 폴라와 다를 바가 무엇인가 하는 생각이 들기도 했다. 그 누구도 인정하지 않지만 꿋꿋하게 태양을 향해 허리를 숙일 줄 아는, 아직 빛을 보지 못한 예술가라는 걸 폴라는 스스로 믿어 의심치 않는다.

프리랜서 작가인 나는 단행본 작업을 해야 해, 혹은 월간지에 보낼 원고를 써야 해, 하며 돌봄을 대신해줄 이의 양해를 구하곤 한다. 결과물을 중심으로 이야기하는 건 그 편이 그나마 눈치가 덜 보이기 때문이다. 마음속에 굴리고 있는 이야기가 있어, 좋아하는 작가들의 책을 읽으며 그 이야기를 확장할 아이디어를 얻어보려고 해 따위의 말은 입 밖에 꺼낼 수가 없다. 가족에게도 꺼낼 수 없는 이야기가 사회에 통할 리 없다. 그저 시간과 비용으로 선심 쓰는 국가 정책 앞에 꽉 막힌 가슴을 두드릴 뿐이다.

그럼에도 나는 친절하고 다정하게 내 일을 응원하는 누군가가 있다는 행운으로 일상의 붕괴와 분열에 이르지 않고 적당히 헤매는 방식으로 일과 삶의 총체를 더듬어 찾는다. 이 시기의 삶은 온통 다행이다.

희망과 수치심

희망은 수치와 함께 온다. 등장인물 중 누구도 행동에 맥락과 이유가 없지 않다. 메디의 아버지인 숀은 약물 중독 어머니 밑에서 가난하게 자란 인물이다. 아홉

우직하게 거칠게 앞으로 나아가서 다행이다. 자본주의 시대 객관적 권력의 근본적 모순을 일터의 알렉스는 온몸으로 증명한다.

은행 계좌도 있고 주민등록증도 있는 운이 좋은 나 또한 그 모순의 불안을 느낀다. 아이의 생존이 내 손에 달려 있는데, 사회적으로는 아무것도 할 수 없다는 무기력함이 공포가 되어 나를 짓누른다. 그 감정은 이성적인 사고의 회로를 마비시킨다. 아무 일도 할 수가 없다.

분노에 찬 남편이 자신의 유일한 이동 수단이었던 자동차를 치워 버린 그날 알렉스는 낡은 소파 속으로 빨려 들어간다. 〈조용한 희망〉 중 유일한 판타지적 연출이다. 거대한 오래된 나무 속에 불편하게 구겨져 누워 있는 알렉스의 심리 묘사는 배를 타고 강을 따라 흐르던 그의 주체적인 상상과 완전히 다르다. 내면에 침잠하고 나면 집 안에 들어오는 가족까지도 침입자처럼 느껴지는 극도의 과민함이 발현한다. 그렇게 안전함에 균열이 가기 시작하는 것이다. 알렉스는 다행히 메디의 불안을 감지함으로써 나무로부터 빠져나와 강으로 흐른다.

알렉스는 청소 일에 재능이 있다. 동작이 빠르고 꼼꼼하며 집주인의 기분을 거스르지 않는 눈치도 가지고 있다. 청소 일은 알렉스가 작가라는 꿈을 향해 나아갈 기반이 된다. 그는 더 이상 남의 집에 자신을 아무렇게나 내던지지 않는다. 상황을 판단하면서 자신에게 도움이 되는 일과 불리한 일을 분리해내는 능력을 얻는다. 최선을 다해보는 경험도 쌓는다.

일상의 틈새에 알렉스는 때때로 자기 몸만 한 작은
배를 혼자 타고, 잔잔한 물가에 몸을 누인 채 고요히
흐르는 상상을 한다. "'정신'이 이러한 힘이 되는 것은
다만 정신이 그 부정성을 직시하고 거기에 머무를
수밖에 없기 때문인 것이다."[2]

　　　지친 몸과 마음을 분열 속에 고요히 누인 채 쉰다.
자유와 행복이 있는 진정한 '개인'으로 가는 치열한
내일을 위해.

　　　일의 여정

알렉스가 하는 메이드 일은 임시직이다. 실제로도,
상징으로도 그렇다. 은행 계좌도 없고 사회에서
보장하는 신분증도 발급받은 적 없던 알렉스는 딸
메디의 실질적 생존을 위해, 또 양육권을 빼앗기지 않기
위해 청소 일을 시작한다. 그러나 일을 하려면 메디를
보육 시설에 맡겨야 하고, 메디를 보육 시설에 맡기려면
노동을 증명해야 한다는 부조리에 직면하는 것이
알렉스가 겪는 첫 좌절이다. 낮은 임금과 노동으로 인한
신체적 부상과 손상, 혐오는 당연히 감내해야만 한다.
언제든 내쳐질 수 있는 불안정한 위치에 생존을 담보
잡힌다.

　　　알렉스의 청소 일은 꿈을 위한 과정이긴 하지만,
꿈이 제거된 노동이기도 하다. 알렉스는 감정이 없고
존재성도 없는 사물 혹은 기계가 되어 상품 경제로
교환된다. 그가 일시적 선의들에 의존하지 않고

2　　같은 책, 30쪽.

쉽다. 완벽한 절망이 있어야 희망을 볼 수 있다. 그러나 알렉스의 경우 한때 사랑했던 사람과의 기억이 절망으로 가는 그를 붙잡는다. 좋았던 때가 있었는데, 그래도 아이의 아빠로서 함께 노력했던 순간이 있었는데. 망상에 시달리는 엄마 그리고 그와 함께한 불안정했던 어린 시절 또한 알렉스를 무기력한 우울로 이끈다. 새로운 주체란 없어, 이게 그냥 너야, 라고 말하는 것만 같다.

무엇보다 붕괴로 가는 '나'의 발목을 붙잡는 건 멍청하고 어리석은 자신이다. 나를 흔드는 것들에 흔들려버린 나, 실체 없는 허상에 유혹된 나, 같은 실수를 반복하는 나, 총체로서의 삶을 결코 보지 못하는 나에 대한 실망이다. 그러나 알렉스는 기어이 모든 것을 부정해내는 데 성공한다. 아니, 난 유토피아로 갈 거야, 나의 모든 과거와 일말의 합의 없이. 알렉스처럼 극적인 방식은 아니지만 나 역시 이 모든 '나'를 몇 번씩 죽인 후에 새로운 주체를 맞이할 수 있었다. 의지와 믿음을 뒷받침하는 건 역시나 조용한 희망들이다. 주체를 정신으로 바꿔 말해보면, 아도르노처럼 다음과 같이 말할 수 있을 것이다. "정신의 삶은 정신 스스로가 절대적 분열 속에 처할 때만 자신의 진실성을 획득한다."[1]

알렉스는 절대적 분열 속에 새로운 주체를 찾아 나선다. 안전하고 평안한 환경에서 글을 쓰고 아이를 돌보는 이상과 구역질 나는 변기 청소를 반복하는

---

[1] 테오도어 W. 아도르노, 김유동 옮김, 『미니마 모랄리아』, 길, 2005, 29쪽.

볼품없게 길어버린 머리카락을 대충 동여맨 채로
쉴 새 없이 떨리던 알렉스의 눈꺼풀. 극의 초반 알렉스의
눈은 자신이 도무지 어디를 보아야 하는지 알지
못해 불안하다. 이해할 수 없는 말과 상황과 조건 들
속에 어떻게든 앞으로 나아가기 위해 경직된 채로
내내 움직이는데 그의 마른 몸이 처음으로 풀어진
순간은 배가 고파 정신을 잃고 쓰러졌을 때다.

　　　안전하다고 믿었던 아니, 안전함이라는 감각에
대해 굳이 생각할 필요도 없던 과거의 삶에 균열이 인다.
그 틈이 점점 벌어지고 터지고 퍼지며 알렉스는 절망의
밑바닥까지 자기 자신을 끌고 내려간다. 그 어둠에
잠시 침잠하기도 하지만 끝내 기어이 햇살이 쏟아지는
산꼭대기에 오른다. 조용한 희망들을 데리고.
어렵게 획득한 생계 수단인 청소 일을 하다 뒤집어쓴
유치한 반짝이 가루들을 묻힌 채. 반짝이 가루보다
빛나는 알렉스의 안온한 표정이, 그 모든 몸의 방향성이,
그 감각이 이렇게도 말할 수 있지 않나, 나를 그렇게
만든 것이다.

　　　주체성의 회복. 이 얼마나 추상적이고
이상적인 말인가. 아도르노식으로 말하자면 주체의
완전한 붕괴와 분열을 통해 새로운 주체를 생성해야
고유의 인간성을 지닌 개인이 될 수 있다. 붕괴란
매우 고통스러운 일이다. 누구나 원래의 익숙한 삶을
유지하고 싶어 한다는 점에서 붕괴에 이르기까지의
과정은 결코 쉽지 않다.

　　　자기 자신을 하나의 객체로서 바라볼 때,
객관성을 잃고 과거에 기대어 감상적으로 생각하기가

걸 깨닫고 차로 아홉 시간이나 떨어진 대학의 문예창작학과에 입학하기까지 그 모든 과정이 절망의 연속이었지만, 최후에는 희망에 도달하니 그 희망은 글쓰기였는지도 모른다.

정답이 무엇인지는 중요하지 않다. 딸아이와 글쓰기는 〈조용한 희망〉의 주인공 알렉스에게, 그리고 나에게 고르거나 버릴 수 있는 일이 아니다. 삶을 살아가기 위해 꼭 필요한 희망이기에. 정신적 혹은 육체적으로 부당한 것에 매이거나 의존하지 않은 채로 자기 자신을 온전히 홀로 잘 세웠을 때 돌봄과 쓰기는 비로소 조용히 희망이 된다. 온갖 서류 더미로 가난을 증명하거나, 폭력에 시달리는 일은 겪지 않아도 될 만큼 나는 운이 좋았다. 물론 그보다는 사소한, 덜 직접적인 좌절들을 겪어내기는 해야 했지만 말이다.

완벽한 절망, 절대적 분열

〈조용한 희망〉은 온전한 홀로서기를 향해 나아가는 작품이다. 분명한 목표 지점을 향해 속도감 있게 간다. "전… 제게 무슨 일이 벌어진 건지 잘 모르겠어요." 마거릿 퀄리가 연기하는 주인공 알렉스는, 그리고 나는 완전히 새로운 세계에 막 당도한 사람처럼 어찌할 바를 몰라 종종댄 시기를 겪는다. 그러니까 나는 지금 등장인물과 일종의 '거리 두기'에 실패한 채로 이 글을 쓰고 있다. 달리 말하자면 알렉스의 모든 움직임에 깊이 공감한 채로 이렇게도 쓸 수 있지 않나, 하는 마음으로 쓰고 있다. 아이를 낳은 후 이 작품을 다시 보았을 때 미처 보지 못했던 몇몇을 발견했다. 예를 들면 퍼석하고

나는 운이 좋았다. 남편이 최선을 다해
경제 활동을 하고 있었고, 돌봄을 조금이나마 대신해줄
인력도 가족 내에 있었다. 그 일을 꼭 지금 해야 하는
거냐는 질문을 가끔은 받긴 했지만 말이다. 어쩌다 보니
글을 쓸 수 없다면 죽음을 달라고 외치는 투사가 되어
얼마간 시간을 보낸 뒤에 깨달은 것이 있다. 나는 아이를
돌보는 것과 글쓰기 행위가 충돌하는 줄로만 알았다.
둘 중 하나를 선택해야 하는 줄로만 알았다. 내가 운이
좋았기에 이런 사소한 고민을 하고 있다는 것을 나는
한참 만에 알았다.

드라마 시리즈 〈조용한 희망〉의 원제는
'메이드Maid'다. 원작 에세이에 따르면 영어 'Maid'는
차반, 풀 먹인 유니폼을 떠올리게 하는 고상한 단어라고
한다. 그러나 실제 가사도우미의 세계는 찌든 때와
막힌 하수구로 뒤덮여 있고, 이들은 온갖 통증을
견뎌내며 사람들 눈에 잘 띄지 않게 지저분한 것들을
처리한다. 폭력적인 남편에게서 겨우 벗어나 청소 일을
시작해 딸아이를 지켜가는 앳된 엄마의 얼굴을
열 개의 에피소드로 지켜보던 나는 어느 시점에
아, 한국어 제목의 '조용한 희망'은 바로 아이구나 하고
생각했다. 소란한 건 엄마뿐이다. 아이는 내내 조용히
잘 자란다. 그리고 절망을 절망이라 확인함으로써
다른 희망을 보게 하는 것도 아이가 하는 일이다.
조용한 희망은 아이구나.

다 보고 난 후 시간이 조금 지나고서는
아이가 아니라 작가라는 꿈인가 하고 생각했다.
자신이 좋아하는 일, 재능 있는 일이 글쓰기라는

조용한 희망들

돌봄과 글쓰기

석사학위 논문을 그야말로 온몸으로 밀어내고,
엉망으로 쌓인 종이 뭉치들을 홀가분히 정리할 때쯤
임신 사실을 알았다. 뱃속에 아이가 자라는 것을
느끼면서는 단행본 작업을 할 수 있었으니 운이 좋았다.
이후 크고 작은 지면을 얻어 계속 글을 썼다. 이 정도의
길지 않은 분량이라면 아이가 자는 동안 써볼 수 있을 것
같아요, 아, 두 달에 한 번이라면 충분히 연재할 수 있죠,
낮과 밤을 구분할 수 없는 하루하루가, 한 달과 두 달과
석 달이 빠르게 흘렀다.

"글 쓰고 싶어서 미쳐요." 아이를 돌보면서
어떻게 이렇게 꾸준히 글을 쓰냐는 동료의 질문에
나는 이렇게 대답했다. 농담인 줄 알았는지 그는
웃어넘겼지만 진심이었다. 어떻게 하면 책상에 가 앉을
수 있을지가 나의 최대 고민이었다. 마감일을 어기고
싶지 않았고, 가만히 앉아 생각하고, 생각하고, 생각해
정제된 문장으로 그 과정을 즐거이 보상받고 싶었다.
아이를 낳고 처음 일 년은 조각난 시간을 이어 붙이는
일에 안간힘을 썼다. 생각 1에 십 분, 생각 2에 십 분,
생각 3에 다행히 삼십 분쯤 쓰고 나면 도입부 한두 줄
정도는 써두고 아침을 맞을 수 있었다.

"말하는 사람은 자신이 다른 사람들을 향해서 하는
말들 속에 세계를 담는다. 그러므로 말하는 사람의
외부 공간은 말들 속에 담을 수 있는 세계, 그 뒤에는
또 다른 세계들이 있는 하나의 세계이다."

●

빌렘 플루서, 『몸짓들』

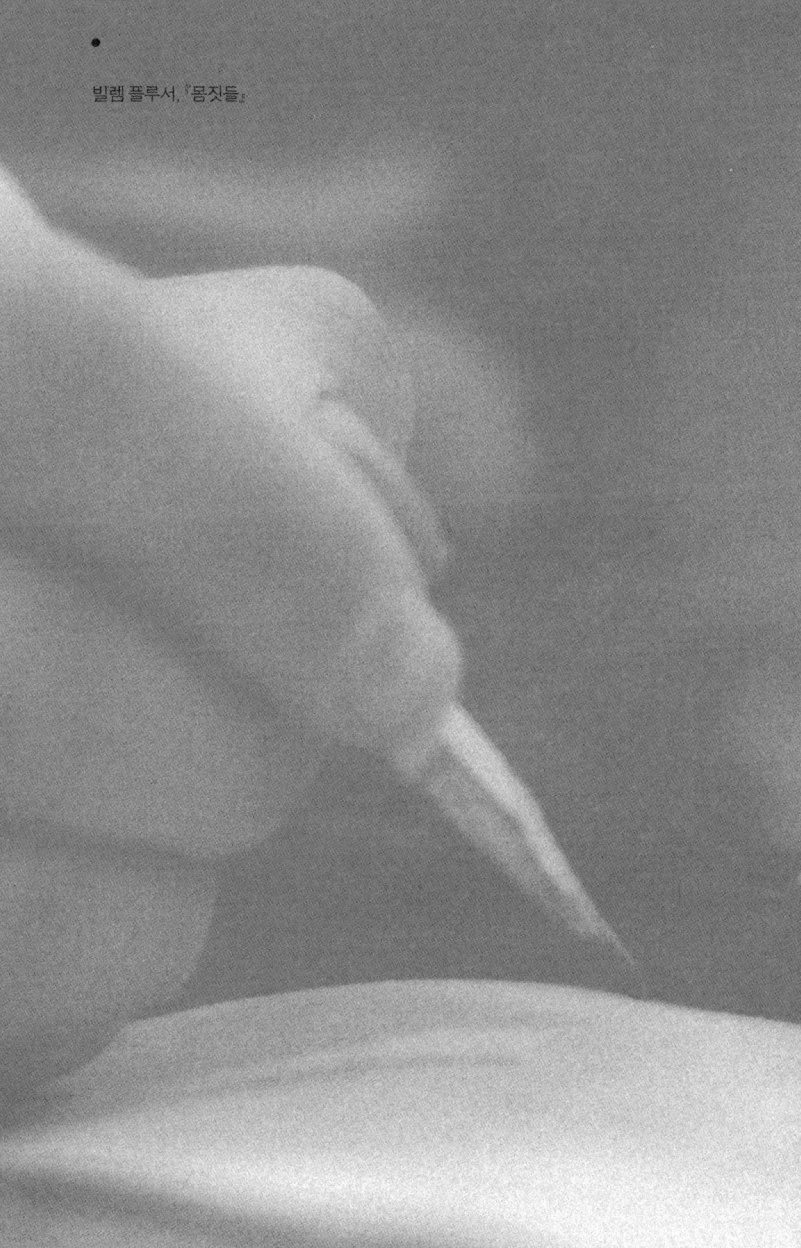

얼굴에 대한 접근은 가장 기본적인 양태의 책임감이다.
(…) 그것은 죽음을 앞둔 타자로, 죽음을 꿰뚫어 보며
죽음을 드러낸다. 둘째로 얼굴은 혼자 죽지 않게
해달라고 나에게 요청하는 타자이다. (…) 얼굴과의
관계에서 나는 타자의 자리를 찬탈한 자임이 폭로된다.[3]

내 방식대로 말하자면, 얼굴은 맞은편에 앉은 '나'의
얼굴을 구성하며 이 사실은 얼굴이 일종의 부끄러움,
애도, 연결에 대한 요청임을 알려준다. 넬리의 맨얼굴은
끝내 볼 수 없지만, 나는 어떤 표정을 지음으로써 그
얼굴을 조금은 밝혀볼 수 있다.

---

[3]   같은 책, 190쪽. Emmanuel Levinas and Richard Kearney, Dialogue with Emmanuel Levinas, Face to Face with Levinas, SUNY Press, 1986, 23~24쪽 재인용.

신음 소리에 가깝다.

대답하는 얼굴

하지만 여기서 끝내고 싶지는 않다. 나는 이 영화에서
영영 보여주지 않는 넬리의 맨얼굴이 남긴 흔적을
더 찾고 싶다. 영화 속에서 수용소를 기점으로 분절되는
세 개의 얼굴을 니나 호스 배우 한 명이 별다른 분장 없이
소화했다는 점을 생각해본다. 남편도 같은 사람으로
알아보지 못하는 얼굴들을 같은 사람이 분한다.
같은 얼굴을 다른 얼굴로 만드는 것은 주변 사람들의
반응이다. 나는 이 대목이 애도와 연결의 가능성을
암시한다고 느낀다. 맨얼굴을 본 인물들로부터
맨얼굴의 흔적을 찾아볼 수도 있지 않을까. 군인의
얼굴, 조니의 얼굴, 그리고 나의 얼굴이 있다.
첫 장면에서의 넬리의 맨얼굴이 그것을 본 군인의
얼굴로 대신 메워지듯 조니의 얼굴, 나의 얼굴도
넬리의 맨얼굴을 반사하는 거울이 될 수 있을 것이다.
그렇다면 수용소에서의 상처 입은 얼굴, 그 사건은
맞은편에 앉아 있는 내 얼굴에도 자연히 드나든다.

얼굴이 열려 있는 굴이고 그래서 무언가가
깃들고 드나든다는 사실은 한 명의 얼굴 안에서뿐
아니라 여러 사람들 간에도 해당하는 말이다. 사건이자
무대이자 통로인 '얼굴'은 그런 의미에서 필연적인
관계성을 전제한다. 나의 얼굴은 얼마간 타인의 얼굴을
담고 있는 것이다. 이 통로는 시간과 공간을 가로질러
열려 있다. 레비나스가 타자의 얼굴을 두고 다음과 같이
말한 것은 이와 머지않은 곳에 있다.

곡 불러달라고 말하고 그녀는 포장과 개봉의 순간이
뒤섞인 얼굴을 하고는 피아노 앞에 선다. 영화의
테마곡이기도 한 〈Speak Low〉가 넬리의 입에서
흘러나오기 시작한다.

　　나는 이 장면에서 무엇을 본 걸까. 연기는
계속되고 노래만이 흐르는 이 장면에서 나는 역할극에
균열이 생기고 있음을 감지한다. 조니도 마찬가지다.
노래가 시작되고 이내 굳어가는 조니의 표정은 무엇을
본 사람이 나뿐은 아니라는 사실을 알린다. 넬리의
떨리는 목소리가 연기된 얼굴을 비집고 나온다. 그녀의
얼굴에는 점점 어떤 해방감이 번진다. 연기는 계속되고
있지만 그녀 역시 무언가를 보여준 것이다. 그리고
맞은편에서 고요하게 얼어붙는 조니의 얼굴은 영화의
첫 장면에서 유일하게 넬리의 맨얼굴을 본 군인의
얼굴과 상응한다.

　　연극을 열어젖히고 새어 나오고야 마는
목소리는 넬리의 맨얼굴만큼이나 설명 불가능한
것이지만 그 맨얼굴을 볼 수 없다는 사실만큼이나
진실된 것이다. 이 영화에서 내가 감각할 수 있는 것
중 은폐되지 않은 것은 넬리의 목소리뿐이다.[2]
하지만 노래 역시도 '볼 수 있는' 것은 아니다. 그런
의미에서 넬리가 영화의 마지막 장면에서 부르는
이 아름다운 노래는 사실상 넬리가 자신의 상처 입은
쓰라린 얼굴 위로 붕대를 천천히 벗어나가며 내는

2　마지막 장면에서야 볼 수 있는 넬리의 수감 번호마저도 그녀의 빨간 원피스 소매
아래 반쯤 가려져 있다.

아니라 그 실패를 드러내 보여야 한다. 그럼에도 우리가
재현하고자 하나 재현불가능한 무언가가 존재하며,
우리가 하는 재현은 이 역설을 간직해야 한다.
이런 점에서 인간적인 것은 재현된 것과 동일하지 않고,
재현불가능한 것과도 동일하지 않다. 그것은 오히려
성공적으로 실천된 그 어떤 재현에도 한계로 작용하는
것이다. 얼굴은 재현의 이러한 실패로 인해 "지워지는"
것이 아니라 바로 그러한 가능성에서 구성된다. (…)
레비나스에게 인간적인 것은 재현으로써 포착되지
않으며, 이미지로 그것을 "포착"할 때 인간적인 것이
일부 상실된다는 것을 알 수 있다.[1]

그리고 나는 지워지지 않는 얼굴의 흔적을 〈피닉스〉의
마지막 장면에서 본다.

　　이제 넬리는 성공적으로 자신 아닌 사람(조니는
에스더라고 그녀를 부른다)으로서 자신이 되기를
연기한 후 마지막 무대에 오른다. 에스더(넬리)가
넬리임을 증명하여 상속금을 받아야 하기 때문에
수용소에서 살아 돌아온 넬리가 기차역에 도착하는
장면을 연출해야 하는 것이다. 연습대로 실제로는 그럴
수 없는 생존자의 화사한 모습을 한 넬리는 기차역에서
기다리고 있던 조니와 친구들을 만난다. 물론 친구들은
잘 연기된 넬리를 넬리로 알아보고는 반갑게 인사한다.
곧이어 식사 자리에서 친구들은 가수였던 넬리에게 한

1　주디스 버틀러, 윤조원 옮김, 「위태로운 삶」, 『위태로운 삶』, 필로소픽, 2018,
207쪽.

해소되지도(이미 보았다) 못한 채 나와 영원한 관계를
맺는다. 얼굴을 보여주면서 전쟁이 재현된다면,
이 영화는 얼굴을 볼 수 없다는 하나의 사건으로 내게
전쟁의 재현불가능성을 보여준다. 파로키의 팔에
남은 까만 화상 자국은 내가 평생 밝혀서 보고 싶을
부지의 얼굴들, 그 얼굴들이 만드는 어둠에 다름 아니다.
이 대목에서 얼굴이 '얼'이 드나드는 '굴'이라는
사실이 선명해진다. 얼굴은 이미지로 납작해질 수도,
언어로 고정될 수도 없는 '통로' 그 자체이기 때문이다.
페촐트와 파로키는 얼굴을 무언가로 포획되지 않은
하나의 사건으로 남겨둠으로써 통로를 열어둔다.

얼굴의 흔적

일종의 장소나 과정으로서의 의미를 지닌 얼굴은
넬리의 얼굴이 볼 수 없음을 통해 재현되기를 포기하는
것은 아니라는 점을 상기한다. 이는 아우슈비츠를
기점으로 논의되어온 재현불가능성의 문제가 재현이
불가능하다는 결론을 향한 것이 아니라 재현불가능한
그 지점에서 재현의 역할과 가능성을 다시 성찰하기를
요청했던 것과 닿아 있다. 주디스 버틀러는 '얼굴' 개념을
제시하며 타자 윤리를 주장했던 에마뉘엘 레비나스의
논의를 되짚으며 이렇게 말한 바 있다.

> 오히려 인간적인 것은 재현을 불가능하게 만드는 바로
> 그 불일치를 통해서 간접적으로 긍정되며, 그 불일치는
> 불가능한 재현을 통해서 전달된다. 그러므로 재현이
> 인간적인 것을 전달하려면 재현이 실패해야 할 뿐

지점이다. 〈피닉스〉에서 벌어지는 역할극은 넬리의
주변인들을 대상으로 하는 것뿐 아니라 스크린 밖
영화의 관객을 대상으로 한다. 그리고 이는
넬리가 겪은 역사적 트라우마를 생각하면, 그녀와
같이 자신의 육체를 무대로 하여 저마다의 연극을
하고 있을 생존자들의 관객으로 오늘날의 관객들을
앉혀 놓는 일이기도 하다. 다만 나를 포함한 오늘날의
관객들이 영화 속에서의 관객인 넬리의 주변인들과
다른 점이 있다면 우리는 넬리의 어떤 얼굴을
'볼 수 없다'는 것이다. 이 얼굴이 나에게 볼 수 없는
상태로 있다는 것, 그래서 어떤 식으로든 설명과
반복이 불가능하다는 점에서 나에게도 넬리의 맨얼굴은
언어를 넘는 사건이 된다.

상처받은 얼굴을 '볼 수 없다'는 사실이 가장
절실해지는 작업으로는 이전에 하룬 파로키의
〈꺼지지 않는 불꽃〉이 있었다. 이 영화에서 감독 본인은
베트남 전쟁에 사용된 네이팜탄의 폭력성이 얼마나
많은 사람들을 처참하게 죽였는가를 보여주기 위해
희생자들의 부상이나 죽음을 보여주는 대신 자신의
팔에 담뱃불로 상처를 입힌다. 실제 희생자들의 모습을
보여주면 관객들은 혐오감에 눈을 찌푸리며 보기를
피하거나 혹은 이미 보았다는 마음으로 재난과 거리를
갖게 될 것이라는 의미에서다. 이 영화는 전쟁의 얼굴을
보여주기보다 자신 스스로 그 얼굴이 겪어야 할 상처의
무게를 같이 짊어지기를 택한다. 폭탄에서 담뱃불로
그 상처가 아주 미미해질지라도 말이다. 여기서 얼굴은
볼 수 없음으로써 차마 거부되지도(눈을 찌푸리거나),

것처럼 보이지만 실은 넬리의 현재 얼굴을 유령의 것으로
만들어버린다. 친구 레네가 넬리에게 쓴 편지의 한
대목은 넬리의 얼굴이 쉬이 탈출하지 못하는 나선 운동과
겹쳐 읽힌다. "우리에겐 돌아갈 곳이 없다고 말했지.
하지만 나아갈 곳도 없어. 나는 삶보다 죽음을
더 가까이 느껴."

　　　말하자면 이 연극에서는 죽음을 통해 생을
증명해야 하는 것이다. 이때 넬리의 얼굴과 몸짓은
그 자체로 연극의 무대가 된다. 나는 영화의 관객이기도
하지만 극 중 연극의 관객이기도 하기 때문에 영화 내내
그녀의 육체를 바라본다. 나는 한 사람의 몸이 이렇게도
여러 겹의 죽음과 삶을 공연하는 일을 본 적이 없다.

볼 수 없는 얼굴

이제 그 얼굴로 돌아가야 한다. 넬리의 얼굴을 재건하게
했으나 복원에는 실패하게 하는 그 얼굴, 강제수용소에서
나온 직후의 얼굴, 붕대 안의 얼굴, 아마도 흉터와 상처로
가득했을 얼굴 말이다. 영화상에서 넬리가 웃고 있는
과거의 사진을 일종의 영정 사진으로 만들고, 그녀의
생존 후 삶을 죽음에의 연극으로 만드는 그 지점은 다름
아니라 수용소에서의 상처가 맨 모습으로 남아 있는
그때의 얼굴이기 때문이다. 그래서 이 얼굴은 서사를
이루는 하나의 사건이다.

　　　하지만 이 얼굴이 서사 장치를 넘어 내게도
하나의 사건으로 남아 있다는 점을 더 오래 생각하고
싶다. 영화 내내 자연스레 내가 넬리의 무대, 그 반대편
객석에 앉아 있다는 점은 이 영화에서 매우 중요한

그 무엇도 이전으로 똑같이 돌아갈 수는 없다. 그 폐허
위에서 다시 지을 수 있을 뿐이다. 그렇기에 넬리가
수술 후 조니를 찾아갔을 때 잔뜩 기대하는 그녀의
얼굴을 전혀 알아보지 못하는 조니의 무관심한
반응은 그녀의 얼굴이 재건에는 성공했지만 복원에는
실패했음을 알린다.

　　　　이후 넬리가 이미 죽은 줄 알고 있던 조니가
그녀의 남은 재산을 갖기 위해 넬리에게 자신의
아내를 연기하도록 요구하면서, 영화는 넬리의 어긋난
연극이 된다. 연극에서 넬리는 조니의 요구에 맞춰
자기 자신을 연기하면서 한편으로는 자기 자신이
아닌 사람으로 위장해야 한다. 배우로서는 자기 자신일
수 없고 배역으로는 자기 자신이어야 한다는 점에서
이 연극은 얼굴의 복원과 재건 사이 낙차를 이중으로
오간다. 이 과정에서 넬리는 자기 자신을 닮아가기 위해
수용소에서의 흔적을 지워내야만 하지만 이를
통해 오히려 그 상처가 절대 지울 수 없는 것임을
절실하게 알아간다.

　　　　나는 그녀의 연기가 이어질수록 이 연기가
꼭 죽은 자를 되살리는 것이라기보다 살아남은 자를
죽여가는 일이라는 인상을 받는다. 조니가 넬리를
자신이 상상하는 수용소에서 살아 돌아온 넬리로
만들기 위해 그녀에게 화려한 옷을 입히고 얼굴에
화장을 시킬 때, 넬리는 오히려 넬리 본인으로서는
죽음을 선고받는 것에 가깝다. 넬리의 말처럼,
실제로 강제수용소에서 돌아온 사람은 그런 모습일 수
없기 때문이다. 이 분장은 넬리의 과거 얼굴을 불러오는

되기 위해 화장을 하고 연기를 할 때에도 영화는 끝내
붕대로 감쌌던 넬리의 당시 얼굴은 보여주지 않는다.
　　　　한 사람을 스쳐간 너무 많은 얼굴들과
그럼에도 보여줄 수 없는 어떤 얼굴 사이에서, 나는
내게 주어진 무거우리만큼 많은 형상들과 내게 결핍된
이미지의 존재를 동시에 발견한다. 넬리의 얼굴들,
그리고 넬리를 연기한 배우 니나 호스의 상처 입은
얼굴과 그럼에도 살아내고 무언가를 되찾으려 하는
강렬한 얼굴들을 보면서도 나는 이 영화가 정말로
보여주고 싶은 얼굴은 끝내 보지 못했다는 결핍된
상태로 이 영화에서 걸어 나온다.

　　　죽음을 닮은 연극
볼 수 없는 얼굴을 말하기 위해서는 그 주변에서
보았던 얼굴들을 더듬어볼 수밖에 없다. 우선은, 가장
확실한 얼굴에 대해서 이야기해볼 수 있다. 넬리가
수용소에 들어가기 전 얼굴은 영화에서 사진으로 잠깐
등장할 뿐이지만 명확하게 인식할 수 있는 유일한
얼굴이다. 이미 과거가 되어 고정된 얼굴이기 때문이다.
넬리의 목표는, 이 사진 속 얼굴이 되는 것이다. 수용소에
끌려가기 전의 일상 속 얼굴, 사랑하는 남편 조니와
친구들과 함께 있는 행복한 표정의 자기 얼굴을 짚으며
넬리는 이때와 똑같이 수술해달라고 한다. 얼굴을
'복원'해달라는 넬리의 요청에 성형 수술은 얼굴의
복원이 아닌 '재건'이라는 의사의 대답은 '얼굴'의
자리에 재난 이후의 모든 것들을 대입해보아도 해당될
저릿한 문장이다. 시간도, 집도, 기억도, 수용소 이후

즈음 영화는 넬리의 맨얼굴 대신 넬리의 얼굴을 보았을
군인의 얼굴을 비춘다. 자신의 역할에 과하게 이입해
강압적이고 약간은 이죽거리기까지 했던 그의 표정은
한순간에 굳는다. 갑자기 소나기를 맞은 듯 소강상태가
찾아온 얼굴을 하고 그는 "미안해요"라고 말한다.
얼굴을 볼 수 있냐는 질문과 강제수용소에서 왔다는
대답. 얼굴을 보여주는 행동과 미안하다는 고백.
서로 쌍이 되지 않는 것 같은 이 대사와 동작 들을
하나의 맥락으로 연결시키는 것은 다름 아니라 넬리의
얼굴을 '볼 수 없다'는 사실이다.

하지만 〈피닉스〉는 넬리의 얼굴을 보여주지
않으면서 동시에 또 너무 많이 보여주는 영화이기도
하다. 영화에서 넬리는 여러 개의 얼굴로 등장하며
그렇게 굴절되는 한 사람의 여러 얼굴들은 이 영화를
구성하는 축이 된다. 넬리의 얼굴은 시간을 따라 나뉜다.
강제수용소에 가기 전 얼굴, 수용소에서 나온 직후의
얼굴, 성형 수술 후 남편 조니를 만나 자신을 알아보게
하기 위해 자신 됨을 연기하는 동안의 얼굴. 같은 사람의
얼굴이 세 가지의 모습을 하고 영화에 나타난다는
점에서 이 영화는 얼굴이 바뀔 수밖에 없었던 사람에
대한 증언이며 그럼에도 결코 이전의 얼굴을 되찾을
수는 없는 한 여자에 대한, 그녀의 '얼굴'에 대한
영화라고 할 수 있다. 영화에서 한 사람의 얼굴이 이렇게
여러 모양으로 분절될 수밖에 없었던 이유는 가운데
얼굴 즉 수용소에서 나온 직후의 얼굴에 있는데, 이후에
넬리가 자기의 얼굴을 되찾기 위해 성형 수술을 하고 또
그 수술로도 완전히 가당을 수 없는 자신의 원래 얼굴이

맨얼굴 앞에서

넬리의 얼굴

크리스티안 페촐트의 〈피닉스〉는 한 얼굴을 보여주지
않는 것으로 영화를 시작한다. 어두운 밤, 한 여자가
운전하는 차는 국경을 넘으려 하고, 관문대 앞 군인은
차 안에 있는 사람들에게 여권과 신원 확인을 요구한다.
군인이 운전자의 여권을 받아들고 그녀의 얼굴과
여권의 사진을 번갈아 바라본 후 옆에 앉은 사람에게
시선을 옮기자, 그곳에는 온 얼굴에 붕대를 감은 주인공
넬리가 앉아 있다. "저 여자 얼굴 좀 볼 수 있을까요?"
군인은 운전자이자 넬리의 친구인 레네에게 묻고,
그녀는 답한다. "강제수용소에서 왔어요."

　　군인은 다시 강압적인 목소리로 얼굴을 보이라
하고, 넬리는 천천히 자신의 얼굴을 감싸고 있던
붕대를 푼다. 붕대는 여러 겹으로 얼굴을 감싸고
있기 때문에 몇 바퀴고 넬리가 붕대를 푸는 동안에도
그녀의 맨얼굴은 쉬이 드러나지 않는다. 넬리의
얼굴을 기다리며 군인과 관객은 침묵한다. 이 침묵은
맨얼굴을 보기 위한 잠시의 대기 시간이다. 붕대
안 얼굴이 드러나는 순간은 기다려지면서도 살짝
비껴가고 싶은 순간이기 때문에 이 시간은 천천히
흐르다가도 서둘러 지난다. 하지만 붕대가 다 풀렸을

양극단에서 메아리처럼 되돌아오는 영화가 있는 한
달아남과 돌아옴은 계속될 것임을. 실패는 영구적이고,
종결은 유예될 것임을. 그렇게 영화는 소멸되지 않고
이어질 것이다. 두고 온 것으로 끝내 되돌아가게 만드는
시선과 함께. 내게 생채기를 내고야 만 '살아남은
세계'와 함께.

> 접촉의 방법이요? 분명 셀 수 없이 많아요. (⋯)
> 쓰다듬기에서 할퀴기까지. 입맞춤부터 타인을 내리치는
> 것까지. 어떻게 상처를 입히지 않고 접촉할 수 있습니까?
> 반대로 어떻게 위선 없이 접촉할 수 있습니까, 거슬림
> 없는 표현aller dans le sens du poil에 만족하는 것에 그치지 않을
> 수 있습니까?[5]

---

[5] 조르주 디디-위베르만, 이나라 옮김, 『어둠에서 벗어나기』, 만일, 2016, 39쪽.

창 바깥으로 자신의 일부를 빼내어 이후의 영화와
이전의 영화를 마주하게 할 이야기로 남아 있다.

창문 너머로 흘러나온 이야기는 나를 깊은
암흑으로 이끈다. 너무도 거대해 영영 닫히지 않을 것
같은 밤의 공간, 날 선 비명과 고통에 찬 울음을
집어삼킨 입안의 깊숙한 통로, 숨을 죽인 채 어떤
미동도 없이 응시하는 까만 눈으로 이끈다.

이곳은 삶과 죽음의 차이가 엷어지고, 소리와
소음의 구분이 무용해지며, 존재와 비존재의 경계가
흐릿해지는 공간이다. 진행 중인 사태 안에서 과거와
현재와 미래가 혼란하게 뒤엉키고 격렬히 투쟁하는
시간이다. 무엇보다 이것은 현실을 그대로 옮겨올 수
있는 빛의 전능함을 과시하는 대신 윤곽선을 비집고
나가는 그림자의 존재를 겸허히 인정하는 영화다.
밤과 어둠, 유령과 죽음을 직면하게 만들기 위해, 그러나
한 시인의 말처럼 어둠에 가두기 위해서가 아니라
스스로 밤을 개방하기 위해, 기꺼이 자기 자신을
열어젖히는 영화-시선이다.

나는 이곳이 '불 꺼진 객석'과 닮아 있다고
느낀다. 환히 빛나는 스크린, 이미지와 접촉하는 순간에
창발하는 정동과 감각, 재탄생하는 영화적 신체.
이 모든 것이 겹쳐지는 객석 또한 나와 나 아닌 것,
내부와 외부, 자아와 타자의 경계가 불투명해지는
곳으로서 존재하기 때문이다.

불 꺼진 객석에 홀로 남겨진 나는 예감한다.
내가 끝끝내 보(여주)기와 보(여주)지 않기 사이에서
어떤 입장을 취해야 하는지 알지 못할 것임을.

나는 갱신되는 부끄러움과 함께 매번 다시 태어났다.
셰페르의 아름다운 표현처럼 '우리의 유년기를
응시했던 영화'에 의해, 그 곧고 집요한 시선에 의해
지금의 내가 됐다.

그래서 내게 영화란 영원한 '되어감'이다. 완성도
종결도 되지 못하는 계속됨이다. 스크린과 관객석
사이에서 출몰하는 몸, 본 것에서 보지 못한 것을 또 보지
못한 것에서 본 것을 건져 올릴 때 나타나는 몸, 나인
동시에 나이지 않은 몸, 틈을 허락하는 몸, 한껏 개방된
몸, 결코 합일을 이룰 수는 없지만 호환은 될 수 있는 몸.
이 다수의 몸이 배태되는 다수의 사건이 스크린에서
쏟아져 나온 정동의 뭉치로부터 촉발하는 거라면
영화는 단지 중간항으로서만, 현재 시제로서만 파악될
수 있을 것이다.

불 꺼진 객석에 앉아
독일의 영화감독 빔 벤더스는 1982년 칸 영화제 기간
동안 호텔 마르티네즈 666호실에 샹탈 아케르만, 장 뤽
고다르, 미켈란젤로 안토니오니, 스티븐 스필버그 등
몇몇의 감독을 초대하고는 이런 물음을 던진다. "영화는
곧 사라질 언어, 죽어갈 예술인가?" 이는 다큐멘터리
영화 〈룸 666〉의 주된 내용으로, 해당 영화는 가전용
텔레비전의 보급과 새로운 촬영 기술 및 기계의
출현으로 새로운 역사적 국면을 맞이하게 된 영화를
성찰하고 영화의 미래를 진단한다. 하지만 내게
이 영화는 과거나 미래, 현재 같은 익숙한 시간이 아니라
낯선 시간을 탐색하는 영화로 각인되어 있다.

신체'라 명명한다. 이미지 경험과 그로부터 촉발된
정동이 뒤섞인 기억으로서 존재하는 신체가 영화라는
미적 체험을 계기로 탄생한다는 의미다. 그러나 영화적
신체는 영화관이라는 특정한 공간에서만 나타나는 것이
아니다. 상영 중에만 잠시 일시적으로만 출현했다가
소멸하는 것도 아니다. 셰페르는 우리의 삶이 "이미,
그리고 잠정적으로, 관객처럼 사는 어떤 것"[4]이
되었다고 쓰고 있다. 마치 모든 것이 영화가 됐거나
영화가 될 세상을 내다본 사람처럼.

우리를 둘러싼 세계가 시네마 자체라는 말은
과도한 비약이나 헛된 망상 같은 게 아니다. 현실은
종종 영화를 앞지르거나 뒤엎는 또 하나의 영화로서
우리 앞에 나타난다. 내가 봤지만 정작 나는 보지 못한
것, 내가 본다고 생각했지만 사실은 나를 보고 있던
것이 모두 시네마로 현현해 수십 수백의 영화적 몸을
잉태한다.

부끄러움을 잊은 채 무언가를 보는 일에
몰두했던 나와, 부끄러움을 알기 위해 무언가를 보는
일에 최선을 다했던 내가 동일 인물이면서도 다른
사람이었다고 말할 수 있는 것은 이 때문이다. 나는 어떤
순간에는 부끄러움을 견디지 못해 고개를 돌렸지만,
다른 순간에는 부끄러움을 견디기 위해 고개를 돌렸다.
보기와 보여짐 당하기라는 시선의 끝없는 대결이
내가 이해한 영화의 본질이라고 할 때, 열린 신체로서

---

[4] 장 루이 세페르, 김이석 옮김, 『영화를 보러 다니는 평범한 남자』, 이모션북스,
2020, 15쪽.

골을 만들어낸다. 그리고 레비는 글쓴이로서 이 골을 속새질하는 대신 그대로 내버려둔다. 이렇게 수치의 다수성을 인정한다.[1]

부끄러움이 언제나 복수형으로 존재한다는 사실은 그것이 고정되어 있거나 정지해 있는 불변의 것이 아니라 때에 따라 분화하거나 이동할 수 있는 가변적 성질의 '정동'임을 암시한다. 정동은 벡터값을 함축한다는 점에서 감정이나 정서와 대별된다. 감정과 감각이 다른 곳으로 운반되거나 널리 공유될 수 있으며 심지어 속도까지 변이시킬 수 있음을 긍정하는 까닭이다. 그래서 정동은 다음과 같은 물리학적 사고를 요한다. 요컨대 우리가 느끼는 감정이나 감각은 이곳과 저곳 사이in-between-ness에서 태어나 계속 뻗어나가려는 특수한 힘Vital Forces을 지닌 '분자적 사건'이다.[2]

되어감으로서의 영화

정동 개념을 경유할 때 몸은 언제나 다른 몸을 향해 개방된 '열린 신체'가 된다. 열린 신체란 분자 운동의 결절점으로써 나타나는 몸이자 행동의 반사로 나타나는 몸이다. 어떤 사건의 '누적되는 곁beside-ness'[3]으로서, 손바닥이 축축이 젖거나 어깨가 움츠러드는, 혹은 맥동이 빠르게 뛰거나 목뒤가 쭈뼛 선 몸 같은 것 말이다. 영화 비평가 장 루이 셰페르는 이를 '영화적

---

[1] 프레모 레비, 이소영 옮김, 『가라앉은 자와 구조된 자』(돌베개, 2014)
[2] 브라이언 마수미·사라 아메드 외, 멜리사 그레그·그레고리 J. 시그워스 엮음, 최성희·김지영·박혜정 옮김, 『정동 이론』(갈무리, 2015)
[3] 같은 책, 15쪽.

알(려고 하)지 않고, 쓰(려고 하)지 않는 행위에서
피어오르는 고통. 아무것도 하지 않는 자가 떠안아야
하는 고통. 가만히 있는 상태와 함께 솟아나는 고통. 이제
부끄러움에겐 고정된 자리가 없고, 달아남에겐 더 이상
달아날 곳이 없다.

정동과 사건

황급히 달아나야 했던 부박함으로 되돌아간다.
또다시 달아나고 싶은 마음을 애써 억누르며 모든
것을 빨아들일 듯한 광포한 이미지−눈 앞에 선다. 눈은
빛으로 빚은 세계 너머의 세계로 나를 인도한다. 깊게
음영진 세계로, 이를테면 아우슈비츠의 생존 작가
프리모 레비의 강렬한 시적 산문 같은 것으로.

　　레비가 전하는 수용소의 경험을 한 문장으로
요약한다면 그것은 '살아남았다'는 사실 자체에서
기인하는 부끄러움이다. 그러나 그는 엄숙하고 처연한
고백 속에서도 부끄러움을 분과화하거나 소유하지
않는다. 수용소의 트라우마나 여기서 비롯된 수치가
직접 당사자에게 더 강렬하게 체험될 수는 있지만,
감정은 획일화되거나 동질화될 수 없기 때문이다. 실제
레비의 글 안에서는 누군가를 해치거나 괴롭힌 것도
아니고 그 일에 적극적으로 가담하거나 동참한 것도
아니지만 죽음의 그림자가 '나만' 비껴갔다는 사실이나
그와 같은 폭력이 인간이라는 동류의 생명체에 의해
자행되었다는 사실, 또는 이 폭력과 고통의 구조를
만들어내는 데 특별한 노력이나 비용이 요구되는 건
아니라는 사실 등이 부끄러움이라는 감정에 깊고 얕은

모르게 나를 부식시키는 내밀한 것이었다. 안전한 공간에서 안락함을 만끽할 때 1mm씩 차오르는, 마음 밑바닥에서부터 은은하게 차올라 시간과 함께 익숙해지게 만드는, 그러다 어느 날 예고도 없이 나를 무너트리는 그런 종류의 고통이다. 견딜 수 없는 것을 보거나 알거나 쓰는 사람이라면 얼마간은 짊어져야 하는 고통. 견딜 수 없는 일로부터 촉발하는 견딜 수 없음. 부끄러움에서 기인하는 부끄러움.

내가 '공부'라 통칭해온 일련의 작업이 얼마간의 잔혹성을 함축한다는 사실과 그것이 부끄러움이라는 고통을 필연적으로 동반한다는 사실을 알게 된 뒤로 나는 보여짐 당하기를 요구하는 영화를 서서히 등지기 시작했다. 도덕적 무결함을 지향했던 것은 아니지만 적어도 면죄부는 얻고 싶었기에 나는 모든 잔혹함과 비속함으로부터 최대한 멀어지고 싶었다. 영화를 진지하게 바라보고 싶어 시작한 공부였지만, 어쩐지 뤼미에르 은하계를 겉도는 시간이 자꾸만 길어져갔고, 종국에는 영화 없는 일상을 보내게 됐다.

문제는 영화를 등졌던 비겁한 선택이 나를 온전한 구원으로 이끌지는 못했다는 점이다. 평화로운 일상을 보내다가도 쉽게 잠들지 못하는 밤이 찾아올 때면 내 안 깊은 곳에서 잠자고 있던 눈이 활동을 재개했다. 부끄러움은 물밀듯 밀려왔다. 봄과 앎과 씀의 반대편에서, 비겁함과 궁색함에서 손쓸 틈 없이 밀어닥쳤다. 이것은 견딜 수 없는 행위에서 비롯하는 부끄러움과는 또 다른 종류의 고통이었다. 견딜 수 없는 것을 견딜 수 없다는 이유로 보(려고 하)지 않고,

빼앗긴 시선은 그 어떤 폭력보다 내게 깊은 상흔을 남겼고, 나는 그 흉터와 함께 살아가야 했다. 이제는 영화 곁에서 자라 영화와 함께 살아가는 일이 영화를 연구 대상으로 삼는 일과는 별개라는 것을 알지만, 또 그래서 영화를 등진다 하더라도 나를 이따금씩 옥죄는 고통에서 완전히 자유로울 수 없다는 것도 알지만, 불행히도 과거의 나에겐 그것을 알 수 있는 지혜가 없었다. 나는 다만 고통에서 해방되고 싶었고, 구원받을 길은 오직 영화의 반대편으로 걸어나가는 것뿐이라 생각했다.

나를 힘들게 했던 감정의 이름은 '부끄러움' 이었다. 부끄러움은 단지 수용소, 즉 참을 수 없는 사건에서 기인하지 않는다. 그것은 참을 수 없다는 감각 자체에서 유래한다. 인간(성), 삶, 예술, 앎, 영화, 봄 따위의 단어가 초월성과 비가역성, 절대성의 의미를 함축하는 동시에 아무것도 아니라는, 말 그대로 아무것도 아닌 '단어'일 뿐이라는 모순에서 비롯하는 고통이다.

이는 '현장'에 난무하는 고통과 질적으로 다르다. 훨씬 덜 직접적이고 덜 치명적이다. 살갗이 타들어가거나 폐부를 찌르는 고통이 아니다. 악취가 나거나 피가 솟구치는 고통도 아니다. 도저히 뿌리칠 수 없는 완력에 몸이 이리저리 떠밀리거나 짓밟히는 고통도 아니고, 손가락질과 혀 차는 소리, 날 선 혐오와 조롱의 말에 찢기는 고통도 아니다. 그건 내가 감히 상상할 수 있는 것도 아니거니와 내가 감당할 수 있는 것도 아니다. '나의 현장'이 안기는 고통은 아무도 무대로 삼으면서도 그 지옥을 전경화하지 않는 것이다.
부재하는 이미지를 대신 채우는 것은 과할 정도로
넘치는 사운드다. 끊이지 않는 부산스러운 움직임,
터져 나오는 고함과 둔탁한 파열음, 뒤따라오는 비명.
그렇게 수용소는 들리는 것으로서 현전한다.

이렇듯 어떤 영화는 보기와 듣기의 낙차 속에서
지속된다. 수용소 너머의 영화를 응시하는 자크
리베트의 날카로움, 장 뤽 고다르의 엄중함, 알랭 레네의
집요함 등을 상속받은 영화들은 불가시성으로 인한
불완전 현존과 부재적 현전을 앞세워 사건, 진실, 증언,
역사, 기록 등의 언표 주변에 터를 잡는 이른바 '보여주지
않음으로써 보여주는' 영화가 된다. 그렇게 쉬이
가라앉지 않는 잔열감으로, 완결되지 않는 이야기로,
닫히지 않는 시간으로 잔존한다.

남겨진 영화는 보는 대가로 보여짐 당하기를
요구한다. 내가 영화를 보았던 것처럼 영화도 나를
응시한다. 오랜 시간 내 안의 깊숙한 곳에서 숨죽여
나를 바라본다. 한 번씩 그 시선에 질식할 것 같은
느낌이 들 때면 나는 자주 달아나길 택해왔다.
정면으로 마주하거나 어슴푸레 비껴 보는 일에는
번번이 실패하고 그저 스크린과 객석을 가로지르며
펼쳐진 악몽으로부터, 벼락처럼 내려앉는 이름 모를
감정으로부터, 피부의 겉가죽을 잔뜩 성나게 만든
감각으로부터 있는 힘껏 도망쳐왔다.

부끄러움과 부끄러움

이제 와 생각해보면 도망침은 나의 방어 기제였다.

도망으로부터

보여짐 당하기

보기를 대가로 얼마간의 고통을 치러야 하는 영화들이
있다. 몇 차례 숨을 고른 뒤에야 겨우 시작할 수 있는
영화들, 밭은 숨을 몰아쉬며 참고 견디기를 강제하는
영화들, 보기를 중단하고 뛰쳐나가고 싶게 만드는
영화들, 그래서 때로는 모른 체 외면하거나 의도적으로
시차를 만들게 되는 영화들.

　　그런 영화들은 보는 이에게 부여된 시선-권력을
앗아가거나 나눠 가진다. 보는 자는 '본다'라는 동사가
숨은 주어를 동반한다는 점에서 시선의 능동성을
담보하는 것으로 여겨진다. 그러나 보는 일은 또한
수동적인 행위다. 봄은 보여줌 뒤에 놓이며 보여준다는
것은 무언가를 보여주지 않는다는 뜻이기도 하니
말이다. 따라서 관객석은 허락된 만큼만 보고 들을 수
있다는 점에서 한계 지어진 권능의 자리다.

　　유한한 무한성과 무한한 유한성 사이에서
진동하는 대표적인 영화는 〈사울의 아들〉이다.
타이트한 숏과 얕은 심도를 특징으로 하는 이 영화는
관객들을 '고도 근시'의 상태로 밀어 넣고는, 대상 이외의
다른 것은 눈에 들어오지 않도록 만든다. 인류의 절멸이
진행되던 아우슈비츠-비르케나우 수용소를 극의

"이미지들 속에서 그 이미지들이 무엇으로부터 잔존하는 것들인지를
바라볼 줄 알아야 할 것이다. 역사가, 순수한 과거(그 절대, 그 추상)로부터
해방되어, 우리가 시간의 현재를 '여는' 것을 도울 수 있도록."

조르주 디디-위베르만, 『모든 것을 무릅쓴 이미지들』

동안 나는 샨티카나의 소리 조각들을 틀어놓고 지내며
서울의 시간을 겹쳐보았다. 앰비언스를 공유하는 일은
각자의 집에 달린 문과 창문을 모두 활짝 열어놓고
저편의 집에서 벌어지는 소리를 내 집의 소리에 겹쳐
듣는 것일지 모른다. 이때 난파, 고장, 임시, 불완전은
전복, 치유, 변화, 연결의 의미로 다시 진동한다. 이렇게
한 채의 집은 커뮤니티가 된다.

아무런 구멍도 나지 않은 진공 상태의 공간을 우리는 집이라고 말할 수 없을 것이다. 나는 이렇게 부서지고도 지어지는 것이야말로 집이라고 느낀다.

국경의 마을

"방글라데시에 위치한 캠프에는 미얀마로부터 떠나온 로힝야 난민들이 살고 있습니다." 짧은 문장이 집 안팎에서 여러 겹으로 울려 퍼진다. 겹쳐 들리는 소리처럼 그들의 집은 안팎이 겹친 모습으로 스스로를 드러낸다. 로힝야 난민들의 집은 방글라데시에 있는 캠프 천막 안이기도 하지만 캠프 천막 바깥에 있는 미얀마이기도 하다. 캠프 바깥에는 로힝야 난민들이 집을 떠날 수밖에 없게 한 폭력도 있지만 돌아가고 싶은 집도 있다. 캠프는 치유를 꿈꾸는 집이지만 언젠가는 떠나고 싶은 곳이기도 하다. 탈출과 그리움, 치유와 탈피 사이에서 이들의 집은 문을 열어둔 채로만 설명될 수 있다. 캠프 위로 덮치는 거센 비와 바람에도 불구하고 샨티카나에 고이는 아이들의 노랫소리와 빛은 집의 영원한 마음이다. 고향에서의 기억과 샨티카나에서의 계획은 늘 얇게 붙어 있다. 때로 이곳의 사람들은 더 멀리 듣기 위해, 먼 곳에 소리를 보내기 위해 문을 활짝 열어둔다.

그리고 더 많은 목소리들이 쌓이며 두꺼운 소리를 만든다. 〈캠프사운드커뮤니티〉에는 한국의 광주와 제주까지, 멀리 있는 줄 알았던 사람들의 침묵도 모이기 시작한다. 문을 열어두었기 때문에, 벽과 지붕이 고착되어 있지 않기 때문에 가능한 일이다. 글을 쓰는

온다. 앰비언스가 룸톤^{Room Tone}과 구별되는 것도
이 지점이다. 통제될 수 있는 닫힌 곳이 아니라 야외,
열린 공간에서 녹음된 소리다.[5] 그리고 나는 이 소리들에
관해 몇 가지 사실을 발견한다. 이들의 집 안에서
바깥의 소리가 함께 들린다는 사실을, 집 안에 모든
것이 함께 살고 있다는 사실을, 그래서 이 집의 소리는
완전하게 구분될 수 없다는 사실을, 결국에는 집의
경계가 아득해진다는 사실을 말이다.

안팎으로 중첩된 소리는 캠프가 두꺼운 벽으로
닫힌 공간이 아니라는 것을 전한다. 여기서 소리는
단독의 노래나 대사가 아닌 앰비언스가 된다. 천막의
얇은 겹을 사이에 두고, 뚫린 구멍 너머로, 아귀가 맞지
않는 문 틈새로 내부와 외부의 목소리들이 겹쳐 흐른다.
캠프는 언제나 외부까지를 배경으로 하여 지어진다.
바깥에는 볕도 있지만 막을 수 없는 비와 바람도 있고,
안에는 부서진 집과 새로 지어질 집 모두를 갖고 있는
사람들이 살고 있다. 침묵을 포개어 지은 집, 그리고
현실의 파편들을 그러모아 지은 집, 어쩌면 세계의
이미지를 결정지을 집.

이쯤에서 태초의 집을 떠올린다. 집 없이 살던
인간이 비 오는 날 지었을 가냘픈 집 안에서는 소란한
바깥소리가 함께 들렸을 것이다. 이 집은 장벽을
닮았는가 아니면 캠프를 닮았는가? 가두고 내쫓기 위한
국경인가 아니면 드나듦을 향한 문인가? 집은 쉽게
장벽과 국경의 형태로 상상되지만 사실 그렇지 않다.

---

5   강주석, 『동시녹음』, 커뮤니케이션북스, 2017, 89쪽.

하는 가장 구체적인 소리. 그리고 영화의 톤은
앰비언스로 결정되고는 한다. 침묵은 공간을, 이야기를,
사건을, 세계의 분위기를 짓는다.

보통 영화 사운드 작업은 아무 소리가 나지 않는
영상 위에 앰비언스를 입히는 것으로 시작한다. 무성의
마임처럼 보이던 움직임에 현실감이 생기는 것도 바로
이 침묵으로부터다. 돌이켜보면 앰비언스를 녹음하는
시간은 영화 제작 과정에서 우연이라는 현실의 원리에
노출된 유일한 순간이었다. 세계의 진실이 녹음기에
흔적으로 남기를 기대하며 그저 몸을 공간 속에
위치시키고 시간을 지켜 듣는 것만이 방법이었다.
이때 매끄럽지 못한 잡음은 스톱 모션 영화의 깜빡이는
섬유와 빛, 그리고 삐걱거리는 움직임과도 같다.
완전하게 들을 수 있는 소리와 완전하게 들을 수 없는
소리 사이 어딘가에 있는 여린 소리들이 세계에 생명을
불어넣는다. 여기서 작은 노래, 잡음, 모호한 굉음,
분절하고 교섭하는 목소리는 단지 이야기가 되지 못한
소문들이 아니다. 이 파편들은 곡진한 현실의 사연이다.

침묵의 집

이제 이곳에 있는 소리들의 볼륨을 키워본다. 누구도
말하고 있지 않아서가 아니라 오히려 너무 많은 것들이
말하고 있어서 소리가 어렴풋했다는 사실을 알게 된다.
바람과 파도, 아이들과 여성들, 나뭇잎과 새 모두
쉬이 목청을 높이지 않고 자기 목소리를 내고 있다.
모두가 도란도란하기 때문에 하나의 소리로 포착되지
않았던 것이다. 이 두터운 소리는 안과 바깥에서 동시에

영화 공간에서 들려오는 소리를 말한다. 영화로
따지자면 〈캠프사운드커뮤니티〉에 있는 소리
조각들을 앰비언스라고 생각해볼 수 있다. 많은 경우
대사와 음악은 영화의 서사를 직접 견인하는 명확한
소리들이지만 앰비언스는 그렇지 않다고 여겨진다.
영화의 줄거리를 설명할 때 앰비언스를 이야기하는
사람은 없다. 시나리오에서 앰비언스는 대사와 음악의
부재로만 기록될 뿐이다. 하지만 영화 만들기와
관련하여 내가 기억하고 있는 한 장면이 있다면 바로
앰비언스를 녹음하는 순간에 대한 것이다.

　　　넓은 공원에서 모두가 아무것도 벌어지지
않는 것 같은 그 공간에 가만히 서서 그저 소리를
오랫동안 녹음하던 일이었다. 영화에서 말과 말 사이,
음악이 깔리지 않는 동안에 들릴 소리라고 했다.
이때 아무것도 들리지 않으면 어색해지기 때문에
그 자리를 사건의 배경음으로 채워야 한다는 것이다.
시나리오에는 아무것도, 아무것으로도 남지 못할
소리였다. 이는 분명 시나리오를 초과하는 것이었다.
침묵은 무음이 아니었다.

　　　침묵이 무음이 아니라는 사실은
〈캠프사운드커뮤니티〉에서 들리는 캠프 소리들
속에서 더욱 선명해진다. 쉽게 적히지 않는 소리
파편들에 둘러싸인 채 나는 분명한 따뜻함과 빛과
그림자의 생생한 교차를 느낀다. 분위기라고
말할 수 있는 그 무엇. 이 소리는 재연될 수도
재현될 수도 없지만 분명한 무엇이다. 공간 속에서
내 몸이 어떤 공기를 가로지르고 있는지를 감각하게

말한다.[3] 소리가 시간적 · 공간적 한계를 넘어 공유될 수 있었던 그 지점에 한계를 지닌 몸이 놓여 있던 것이다. 이를 바꾸어 말하면, 한 개인의 신체가 지닌 곤궁함이 결국에는 같은 소리를 듣는 공동체를 가능하게 했다고도 할 수 있다. 미약한 곳을 잡고 열어젖히면 더 넓어지는 형태, 소리는 그러한 모양새가 된다.

〈캠프사운드커뮤니티〉는 전솔비, 오로민경이 2023년 방글라데시 콕스바자르에 위치한 로힝야 난민 캠프에서 녹취해온 소리들을 기반으로 한 웹사이트 작업이다.[4] 이 프로젝트에는 캠프의 소리를 주제로 한 전솔비, 오로민경, 김양우의 작업들이 축음기, 라디오, 오르골의 테마로 실려 있다. 뿐만 아니라 여기서 오십여 개의 캠프 소리 조각들을 직접 들을 수도 있다. 바람 소리, 새소리, 나뭇잎이 흔들리는 소리, 아이들이 조잘거리는 소리와 지나가는 사람들의 노랫소리. 이 모든 것이 여기에서는 한꺼번에 위계 없이 흐른다. 뭉개지거나 부서진 소리처럼 들리기도 한다. 음악도 대사도 되지 못한 소리들이 조각난 채로 이곳에 모여 있다.

침묵을 포개어

대사와 음악을 제외한 소리들을 영화에서는 음향으로 통칭한다. 그중에서도 앰비언스ambience는

---

3 프리드리히 키틀러, 유현주 · 김남시 옮김, 『축음기, 영화, 타자기』, 문학과지성사, 2019, 52쪽.

4 이 글의 〈캠프사운드커뮤니티〉에 대한 부분은 해당 작업의 리뷰로 썼던 원고를 수정한 것이다.

절실하게 자연스럽다. 여기서 죽음과 상실을 채우는
것은 또 다른 죽음과 상실의 가능성이다. 유한한
결말을 알고도 제페토와 피노키오가 서로를 선택할 때
이 둘은 비로소 인간다운 사랑과 진실에 보다
가까워진다. 늙은 노인의 몸짓과 딱딱한 나무 인형의
구부정하고 어색한 몸짓은 한계로 가득 차 있어서
그 몸의 불완전한 운명을 또 한 번 선택하고 부드럽게
포옹하는 이 둘은 그 누구보다도 인간적이다.

같이 듣기

이제 '인간적인 몸짓', 그 주변의 말간 모습이 보이는
듯하다. 이는 비장애중심주의라는 폭력의 외피를
벗겨낸 후에야, 원래 그곳에 거주했던 이들을
다시 초대한 후에야 마주할 수 있다. 불완전이라는
조건을 인간 존재의 폐쇄적 기준으로 사용하기보다
그것이 인간으로 하여금 무엇을 뛰어넘게 하는지
생각해볼 때 그 의미가 선명해질 것이다. 그래서 나는
생각해보고 싶다. 불완전성은 인간으로 하여금 무엇을
하게 하는가. 오랫동안 생각하고 있던 듣기에 대한
말로 돌아가서, 완전한 침묵이라는 주제를 다시
꺼내보고자 한다. 완전한 듣기도 완전한 듣지 않음도
어려운 그 불완전한 몸을 생각해보면 거기에 실마리가
있는 듯하다.

토머스 에디슨은 그의 귀가 반쯤 들리지 않을
때 최초의 축음기인 '포노그래프phonograph'를 발명했다.
이를 두고 프리드리히 키틀러는 인간의 신체적 곤경이
기계적 소리 기록 매체를 발명하는 계기가 되었다고

그는 결국 유한한 존재가 된다. 그것은 조각남, 부서짐, 죽음의 이미지이지만 피노키오에게는 탄생의 이미지에 가깝다. 피노키오는 죽기로 하면서 태어난다. 그렇게 인간이 되기로 한 것이다. 생과 죽음의 한계를 고스란히 떠안기로 한 피노키오가 그로써 제페토에 대한 자신의 사랑을 직면하고 그를 실행하기로 할 때, 이 인간은 너무나 미약하고 애처로워지기로 마음먹었기 때문에 가장 인간적인 존재가 된다.

유한성을 뛰어넘는 한계의 몸짓

영화의 배경이 제1차 세계대전 당시의 이탈리아라는 점은 유한성이 지니는 의미를 확장시킨다. 피노키오의 몸은 보통의 인간들과 달리 죽어서도 다시 살아나는 불멸자라는 사실로 인해 파시즘이 전쟁에 이용하기 좋은 몸이 된다. 보드랍고 연약한 인간의 살결과 대비되는 딱딱하고 분절되는 몸이 피노키오를 차별의 대상으로 만들지만 오히려 전쟁에서는 강한 몸으로 기능하게 한다. 이 대목에서 피노키오의 신체는 인간에 의해 어긋나게 착취되고, 이때 '한계 없음'이라는 상상이 지니는 폭력성은 극대화된다. 실제로 제2차 세계대전 당시 특정 인종이 무한한 가능성의 인간 신체로 재현되며 다른 인종을 학살할 때, 그 폭력이 은폐하고 억압했던 것은 다름 아니라 인간의 '한계 있음'에 대한 것이었다.

결국 전쟁으로 아들을 잃은 제페토가 다시 어떤 존재를 사랑하기로 했을 때, 그 대상이 어쩔 수 없이, 반드시 죽어야만 하는 존재라는 점은 기구하지만

신체를 지닌 사물이 도리어 인간의 유한한 시간과
한계로 점철된 몸을 가지게 되며 끝나는 이야기다.
이 영화는 다른 피노키오 이야기들과 달리 인간이
가진 어떤 조건들이 인간을 인간이게 하는 엄청나게
위대한 무엇이라고 말하는 대신, 유한성이라는 인간의
불완전함이 인간을 인간이게 하는 무엇이라고 말한다.
영화 내에서 반복해서 등장하는 스핑크스와 모래시계의
장면은 영화 내에서 인간성과 유한성이 가장 가까운
곳에 위치한 장면이다.

　　　　피노키오는 자신이 죽으면 언제든지 살아날
수 있다는 점을 알고 제페토 할아버지가 하지 말라고
하는 위험한 행동들을 일삼는다. 이는 나무 인형이라는
무생물이 지니는 무한성으로 인해 가능한 것이다.
피노키오는 죽을 때마다 스핑크스가 있는 저승으로
내려가는데, 그곳에는 저승에 머물러야 하는 시간을
알려주는 모래시계가 있다. 빨리 이승으로 돌아가고
싶어서 발을 동동 굴리는 피노키오에게 스핑크스는
"점점 더 많이 죽을수록, 저승에 머물러야 하는 시간은
길어질 것"이라고 말한다. 그리고 나서 중요한 규칙을
한 가지 더 말해주는데, 그것은 그 시간을 기다리지
못하고 이 시계를 깨버리면 죽은 후에 다시는
살아날 수 없다는 것이다. 피노키오는 그 말을 크게
마음에 두지 않고 계속해서 죽고 살기를 반복한다. 결국
영화의 후반부에 제페토 할아버지를 구하기 위해서
피노키오가 가장 빨리 살아나고 싶은 순간일 때 이미
모래시계가 견뎌야 하는 시간은 너무 길어진 상태였다.
그리하여 피노키오는 모래시계를 깨고 영생을 잃는다.

영화 제작 환경이라는 현실 세계 안에 물질로 존재해야
한다는 점에서 그래픽 애니메이션과는 달리 한계를
지닌다. 이렇게 촬영된 영화는 '완전하게' 매끄러울
수 없다.[2] 하지만 여기서 불완전성은 미완이나
극복 대상이 아니다. 영화라는 매체가 실은 탄생부터
지금까지 연속적인 정지 사진의 모음이었다는
사실을 떠올려보자. 시간이 흐르는 것에 맞춰 대상을
조금씩 이동시키며 찍는 이러한 방식은 그 자체로
영화라는 매체, 그리고 인간의 몸(잔상 효과)이 지닌
본연적인 불완전성에 대한 적응이며 포용이라고 말하는
것이 더 정확할 것이다. 이때 '완벽한' 영화가 되지
못하도록 불현듯 끼어들었다가 이내 사라지는
먼지와 불빛, 삐걱거림의 순간은 세계가 영화에 남긴
진실의 흔적이다.

탈락하며 태어나는

영화가 죽은 채로 무겁게 놓여 있는 인형들을 고된
시간을 거쳐 살아 있는 하나의 캐릭터로 탄생시키는
과정은 나무 인형 피노키오가 제페토의 아들,
피노키오가 되는 과정과 닮아 있다. 이 영화는 인간에게
놓인 필연적인 한계의 지점에서 영화를, 그리고
인간을 탄생시킨다. 나무 인형에서 인간 소년이
되며 완성되는 피노키오 동화가 인간을 조건
짓는 양심과 사랑에 대한 이야기라면, 델 토로의
〈피노키오〉는 오히려 무한한 생명과 한계 없는

---

2 감독 기예르모 델 토로는 〈피노키오〉의 메이킹 영상에서 스톱 모션 영화 중 보이는
털과 섬유의 깜빡임, 촬영장의 먼지 같은 것들에 아름다움을 느낀다고 말한다.

이렇게도 자연스러운 사실은 때로 여러 차례
의문시되고 나서야 겨우 진실이 된다.

영화 〈기예르모 델 토로의 피노키오〉(이하
〈피노키오〉)는 자주 망각되는 이러한 진실을 동력으로
삼는다. 이 영화는 익히 알려진 동화 『피노키오』를
원작으로 하지만, 그동안의 델 토로의 '크리처'
영화들에서처럼 '인간이 되고 싶은 나무 인형'을
인간 세계에서의 크리처로 다룬다. 피노키오가
영화에서 결국 그 누구도 아닌 자기 자신으로 존재하게
될 때, 이 이야기는 델 토로 감독의 다른 이야기들과
비슷하게 주인공이 (비)정상성이라는 억압으로부터
스스로 해방되는 과정을 담고 있다. 하지만 영화의
피노키오가 델 토로 감독의 다른 크리처들과도,
그동안 있었던 다른 피노키오들과도 구분되는 점이
있다면 '스톱 모션'으로 만들어졌다는 점일 것이다.
스톱 모션이라는 제작 방식은 동시대 영화 산업
안에서 감독이 스스로 거쳐야 했던 독특한 선택이었다.
제작 과정에서 마주해야 하는 여러 한계들이 있기
때문이다.

스톱 모션은 캐릭터, 소품, 배경을 직접 제작하고
그것들을 한 프레임마다 조금씩 변화시키며 촬영한다.
물질화된 대상을 가지고 시간 단위로 이동시켜서
연속되는 움직임을 만들어야 하기 때문에 철저하게
물질과 시간의 영향 안에 있다. 스톱 모션은 숲과
바다가 굽이치지 않은 채 멈춰 있고 캐릭터들이 살아
있는 사람이 아니라 딱딱한 플라스틱으로 만들어진
인형이라는 점에서 실사 영화와는 달리, 이 모든 것이

그 자체로 생각할 부분이 많지만 내가 이 글에서
집중하고자 하는 부분은 아니다. 내가 오랫동안
생각하고 있는 것은 이 말의 구조다. 이 말은 내가
이전까지 갖고 있던 듣기의 운동, 듣는다는 행위를
통해 구분되는 장애의 몸과 비장애의 몸, 이 모든
것들의 의미와 관계를 혼란시킨다. 듣기의 상실을
보완함으로써 얻게 되는 가장 큰 만족이 완전히 듣지
않을 수 있을 때 찾아온다는 것. 이 모순적인 문장의
구조를 거칠게 밀고 나가보면 정상의 몸(이라고
여겨져온 몸)은 중요한 한계를 지적당한다. 들을 수
있는 것만큼이나 듣지 않을 수 있는 것, 그리고 듣지
않음을 선택할 수 있는 것도 하나의 권력이 될 수 있다는
사실에 대해서다. 이어서 몇 가지 질문들이 생긴다.
여기서 장애의 몸은 그저 '상실' 혹은 '탈락'된 몸인가?
기술적 보조 없이 완전한 듣지 않음이 불가능하다면
완전한 듣기라는 것은 가능한 것일까? 듣기가 있음과
없음, 가능과 불가능의 문제가 아니라면 장애-비장애의
구분은 어디서 생기는가? 이 대목은 인간의 몸이 지닌
필연적인 한계로부터 무언가를 발견하게 한다.

불완전이라는 진실

보조 장치를 통해서만 가능해지는 완전한 침묵이라는
일종의 고백은 인간의 감각, 그리고 인간의 몸에
부여해온 '완전성'이라는 믿음에 의문을 던진다.
완전한 듣지 않음이 자연적으로 불가능에 가까운
것만큼이나 완전한 듣기라는 것도 불가능하다.
불완전성은 인간이 지닌 가장 자연스러운 부분이다.

침묵 안팎의 집

완전한 침묵

듣기에 관해 오랫동안 내 머릿속에 남아 있는
말이 있다. 2021년 리미니 프로토콜과 토마스 멜레의
연극 〈언캐니 밸리〉의 스크리닝[1]에서 들었던 것이다.
이 작업은 휴머노이드 로봇으로 복제된 독일의
작가 토마스 멜레가 등장하는 강연 공연이다. 이 강연/
공연은 영상 자료를 활용하며 진행되고, 영상 속에서
인간 토마스 멜레는 친구 에노 박을 만나 대화를 나눈다.
에노 박은 선천적 청각 장애인이며 달팽이관 임플란트
수술을 받았다고 말한다. 내가 계속 생각해보고 있는
것은 이 친구가 말한 한 문장이다. 본인이 느끼는 청각
보조 장치의 최고 이점은 보조 장치를 탈구시킴으로써
달팽이관을 완전 차단시킬 수도 있다는 것, 그로써
완전한 침묵이 가능해지는 것에 있다는 말이었다.

공연과 그 안에서 다뤄지는 기계의 의미는

---

[1] 2021년 3월 14일 〈가상정거장〉의 프로그램이었다. 로봇이 인간을 닮은 정도에
따라 호감도가 비례해서 증가하다가 어느 지점에 이르면 불쾌함, 공포를
자아낸다는 '불쾌한 골짜기', 즉 언캐니 밸리(Uncanny Valley)는 이 공연의
주요한 문제의식이다. 공연은 인간과 기계의 관계를 통해 비장애중심적으로
구성된 인간성 개념에 균열을 낸다. 뿐만 아니라 공연이 끝나고 관객들이 박수를
칠 즈음에는 인간 토마스 멜레가 무대에 직접 등장하고 로봇 토마스 멜레는 작동을
멈추면서 관객이 누구에게 박수를 보내고 있었는가를 질문하게 한다.

오랜 시간이 걸릴 것이다. 또 각고의 노력에도 불구하고
끝내 실패하게 될지도 모른다. 과거의 기억과 찰나의
감각, 주변을 에워싸던 느낌은 떠올리려 할수록 또
더듬으려 할수록 어딘가로 빨려 들어가기 마련이니.
다만 또 한 번 예견된 소멸을 너무 애달파하지 않기 위해,
너머로 보내질 것들의 자리를 마음 한편에 남겨두기
위해 왜 여전히 말의 주변부를 맴돌고 있는지 이곳에
적어두기로 한다.

　　　나는 잘 들리지 않는 것을 듣고 싶다. 침묵을
듣고 싶다. 침묵으로써 지금-여기-있음을 알리는
존재를 듣고 싶다. 웅크린 신음, 혀 밑으로 내려앉는
목울대의 진동 소리, 버석한 입술의 갈라짐, 축축한
피부가 내는 부딪침, 침묵을 비집고 터져 나오는
마른기침 같은 것들을 사려 깊게 듣고 착실히 기록해
말의 세계를 넓히고 쪼개고 접붙이고 싶다. 이것들이
왜 잘 들리지 않는지, 들리지 않는 곳에서는 어떤 대화가
오가는지, 이 대화가 요구하는 말 걸기와 응답하기란
어떤 종류의 것인지, 이 과정을 매개하는 것은 무엇이며
이렇게 맺어지는 관계에는 어떤 이름을 붙일 수 있는지
성실하게 고민하고 반듯하게 써내려가고 싶다. 그렇게
나는 내 몫의 기여를 하고 싶다. 그게 내가 들은 말과
한 말을 책임지는 일이라 믿는다.

이 안에서 부재하는 것은 부재함으로써
존재한다. 자식 잃은 부모는 자식 잃은 부모로, 말을
잃은 여성은 말을 잃은 여성으로, 성별 체크란에 자신을
기입할 수 없는 남성은 호명 범주가 없는 남성으로
말이다. 그래서 이곳에서의 있지 않음은 잊혀짐과 같지
않다. 없는 자는 있는 자들과의 대화 속에서 선명한
윤곽선을 갖게 되고, 없는 것은 있는 것들의 작동 속에서
모습을 드러낸다. 그렇게 있지 않음은 잊지 않음으로
순환한다.

연루된다는 것은 어쩌면 그런 의미일 것이다.
애써 공백을 메우려 하지 않기. 없는 것을 있는 척하거나,
있던 일을 없던 척하지 않기. 굳이 무언가를 도모하지
않기. 너무 황급히 자리를 떠나지 않기. 물러남 속에서
다가가기. 지금과 나중, 거기와 여기, 잃어버림과
되찾음, 잊혀짐과 기억됨 사이에 놓인 벽이 문이었음을
깨닫기. 그렇게 서로의 노래가 되기.

> 살아남은 자는 죽은 자를 계속 기억해. 어떤 형태로든
> 그게 계속되지. 나와 너는 그렇게 살아갈 수밖에 없어.
> 살아가야 해. 괜찮아. 우린 틀림없이 괜찮을 거야.
>
> ─ 하마구치 류스케, 〈드라이브 마이 카〉 중

돌아와 들은 것을 쓰기

말의 수행과 노래, 시간, 부재, 상실 등에 얽힌 나의
고민과 기억 한편을 차지하는 어느 날의 풍경이 어떻게
한 영화와 중첩되는지 논리 정연하게 설명하려면 꽤

체험이기에 개별 인간을 초과하는 일반 규칙이나
범주가 되면 해당 개념이 아우르고자 했던 실제의 삶은
타자화되거나 대상화될 수밖에 없다. 저마다 다른
부피와 무게로 체험했을 상실이라는 사건의 고유성,
이전으로 되돌아갈 수 없게 되어버린 일상의 구체성,
상실을 끌어안고 살아가는 삶의 실재성 등이 휘발되는
것이다. 그래서 나는 상실이라는 공통의 사건이
갖는 개별의 주름을 세세하게 가르기 시작했고, 주로
책상 앞에서 이뤄진 이 작업은 나로 하여금 상실의
공동체에서 공동체를 괄호 치게 만들었다.

　　　　하지만 내가 책상을 자주 비우며 배우게 된 것은
어떤 종류의 상실인지는 그다지 큰 문제가 아닐 수도
있다는 사실이다. 가족을 잃었든, 꿈을 잃었든, 신체
일부를 잃었든, 말을 잃었든지 간에 상실을 매개로
만들어지는 함께-있음에서 중요한 것은 함께-있음
자체다. 지금 당장 내게 무언가가 있지 않다는 느낌과
무엇으로도 채워지지 않는 공허함, 다시 이전으로
돌아갈 수 없다는 강렬한 느낌, 타인에게 오롯이
전달하거나 온전히 이해받을 수 없다는 데에서 오는
고독함과 절망감, 그럼에도 때가 되면 배가 고프고
잠이 오는 생의 자기기만과 자기혐오가 깊은 한숨에
응축되어 공기 중으로 퍼져나간다. 그렇게 썰물처럼
빠져나간 말의 자리에 한 줌의 숨이 들어찬다. 질량의
무게를 이기지 못한 공기가 침묵이라는 이름으로
내려앉으면, 발아래에는 보이지 않는 연결망이
만들어진다. 보송한 솜털이 잔뜩 엉겨 떨어지는 이도
너끈히 받쳐줄 수 있는 끈끈한 거미줄 같은 연결망이.

고요하게 계속되는 미사키의 삶은 기묘한 위안을 줬다. 작중 인물들 사이에서 각자의 언어로 온전히 번역되지 않는 무언가가 소란한 마음을 가라앉게 했고, 그들의 눈빛과 입 모양과 손짓은 간직하고픈 풍경이었다. 이곳에서 말은 침묵의 그림자였다. 유의미한 침묵으로 지연되는 시간에 붙들려 영화를 재차 현실로 소환하던 나는 마지막 회차 관람 이후 이런 메모를 남겼다.

'말이 비켜간 자리에서 발생하는 말 걸기, 또는 응답하기.'

북 콘서트를 다녀오고 얼마 지나지 않아 나는 일 년이 다 되도록 가지 못했던 이태원을 찾았다. 한낮의 거리는 적당히 한산했고, 가을의 햇볕은 따뜻했다. 나는 한참을 우두커니 서서 그곳을 바라보았고, 얼마 떨어지지 않은 곳에는 나와 같은 곳을 향해 몸을 돌려세운 이들이 있었다. 우리는 말없이 같은 곳을 바라보았고, 조금 슬펐지만 외롭지는 않았던 것 같다. 뒤편으로 노랫소리가 어렴풋이 들렸다.

있지 않음과 잊지 않음

어떤 시간은 침묵으로 채워지더라도 공허해지는 대신 충만해진다. 이곳에서 부재는 망각과 서로 다른 좌표에 놓여 있기 때문이다. 특히 '상실의 공동체' 안에서 부재함과 잊혀짐은 각기 다른 방향을 향한다.

나는 종종 상실의 공동체를 논할 때, 주체가 구체적으로 무엇을 잃었는지를 따져 물음으로써 경험의 특수성을 일별해내려는 욕망에 휩싸이곤 한다. 부재와 상실은 보편적인 개념이면서도 지극히 사적인

들려오던 2022년의 늦가을과 그 그늘진 기억
아래서 한참을 웅크려 지냈던 길지도 짧지도 않은
날들이 내겐 그런 순간 중 하나였다. 강제된 시간을
견디는 동안 어떤 이는 분노했고, 어떤 이는 슬퍼했으며,
어떤 이는 절망했다. 뒤엉킨 감정은 수도 없이 많은
말을 낳았다. 황량한 거리와 황폐해진 마음을 소음과
소문이 기워냈다.

　　　서로를 할퀴고 물어뜯는 말이 많아질수록
풍경은 희미해져갔다. 사람들은 말의 무게에 짓눌리며
애도의 자리를 한 뼘씩 좁혀나갔고, 그날의 기억은
연말을 알리는 화려한 장식 조명 아래서 바래져갔다.
대체 언제부터 침묵이 권력에의 굴종이 된 건지, 왜
침묵하기는 나약함이나 수동성의 상징으로 여겨지는지,
침묵이 애도의 언어가 될 수는 없는지 나에겐 묻지
못한 것들이 아주 많았지만 또 마땅히 물을 데도,
물을 말도 없었다. 차마 완성되지 못한 채 파열된 말만
입안에서 맴돌 뿐이었다. 그래서 그즈음의 나는 자주
혼란스러웠고 이따금씩 외로웠다. 그것이 공동체에
대한 최소한의 기대와 믿음의 상실에서 비롯한
감정이었음을 나는 한참 뒤에야 깨달았다.

　　　가시 돋친 말이 빽빽하게 우거진 숲속에
갇혀버린 느낌은 코끝을 스치던 찬바람이 에는 듯한
추위로 바뀌는 동안 지속됐다. 어떤 날엔 말을 전부
베어버리고 싶었고, 또 어떤 날엔 아무 말도 존재하지
않는 세계로 떨어지고 싶었다. 그즈음이었을 것이다,
〈드라이브 마이 카〉 주변을 서성이게 된 건. 요란하지
않게 무너져버린 가후쿠의 삶과 폐허가 된 곳에서

노래로 되돌아오는 시간은 먹고 자고 배설하는
행위로 이뤄진 유기체적 시간이나 지구의 자전과
공전에 따른 자연적인 시간 혹은 숫자나 숫자 사이의
간격으로 계량화되고 균질화된 시간과는 다르다.
또 세분화된 노동 시간이나 표준화된 교통 시간,
공적/사적 공간에 상응하는 공적/사적 시간과도 다르다.
그것은 이후가 괄호로 묶인 현재나 지금으로부터
탈락된 과거, 오늘보다 나을 거라고 쉽게 예단되는
미래 중 어느 곳에도 속하지 않는다. 노래는 과거-
현재-미래로 구획된 영토에 잡아먹히지 않은 여분의
시간이자 그것들이 우글거리는 장소다.

합창단이 열어젖힌 이곳에서 나는 잠깐이나마
새로운 시간의 숨결을 더듬을 수 있었다. 어딘가로
내쳐지거나 기억 저편으로 처박히지 않은 채 살아
숨 쉬던 날들, 바쁘게 돌아가는 세상과는 다른 속도로
굴러가는 일상들, 움직이지 못한 채 매여 있(어야 했)던
삶들, 현실이라는 거센 파도와 물결 안에서 무자비하게
용해되어버린 무수한 시간의 겹과 결. 노래에는 이것들이
산다. 간신히 버텨온 것들이 산다. 숨은 그 사이를 채우고
또 전체를 감싸안는다. 여기에 소리가 붙고 소리에
음이 붙을 때, 노래가 된다. 분리된 공간과 분할된 시간을
메우는 노래가 된다. 우리를 우리로 존재하게 하는,
그런 노래가 된다.

침묵으로 응답하기
노래는 예상치 못한 변주로 현재에 틈입한다. '지금은
애도의 시간'이라며 침묵을 강요하던 목소리가 밤낮으로

같이 생의 분투와 삶의 궤적을 새긴 역사의 지층,
즉 지속적이고 유형적인 것을 확인하지만 귀는
애초에 가변하거나 명멸하는 것, 유동적인 것을
포착한다는 의미에서다. 그렇다면 귀를 통해 무언가를
듣는다는 것은 순간에 혹은 순간적으로 '연루됨'의
다른 표현인 건 아닐까?

노래라는 무언의 장소

받기만을, 또 받지 않을 수 없음을 통해 이뤄지는
한 존재와 다른 존재 간의 연관됨, 지속하는 시간과
명멸하는 시간의 뒤엉킴, 나와 그의 함께-하기.
이 모든 연루됨이 이뤄지는 장소가 바로 '노래'다.
　　　　　무대와 객석의 구분이 소용없어지는 경험은
말을 초과한다. 무대 위의 아티스트와 객석 아래의
관객들이 수직적으로 가름된 공간을 넘어서서 하나가
되는 경이로운 순간을 설명해낼 수 있는 언어가
우리에겐 없다. 타인의 목소리에 의지를 하거나
위로를 받은 경험, 고조되는 음악과 함께 벅차오른
마음을 주체하지 못해 끝내 눈물을 쏟아낸 순간,
발갛게 달아오른 눈시울을 몰래 훔치다 누군가와 눈이
마주쳐 터져버린 웃음, 기념사진을 위해 곁에 앉은
이름 모를 이와 다정히 어깨를 맞닿거나 손을 맞잡은
뒤 남겨진 온기. 그런 것들을 꿰뚫을 수 있는 마땅한
언어가 내겐 없다. 그래서 나는 종종 생각한다. 말이
되지 못하는 것들이 노래가 되는 거라고, 나아가지도
되돌리지도 못하는 시간이 노래가 되는 거라고, 그래서
돌림노래처럼 어떤 시간은 계속해서 반복되는 거라고.

그렇다면 누군가의 입술 끝에서 내뱉어진 물질이
내 달팽이관을 타고 들어와 내 몸 내부로 통합되는
과정은 어떻게 이해될 수 있을까? 내 안에서 생성된 것이
귀를 통해 어떤 이의 몸을 침범하거나 어떤 이의
내부에서 솟아난 것이 귓바퀴를 타고 내 안으로 넘어
들어올 때 나는 여전히 나이고, 그는 여전히 그일까?

두서없는 질문이 머릿속을 마구잡이로
헤집는 동안 합창단의 노래는 계속됐다. 활짝 열린
귓구멍으로 흘러들은 노랫소리는 몸 구석구석으로
천천히 퍼져나갔다. 혈류가 흐르듯 몸에 음악이
흘렀다. 자잘하게 느껴지던 진동이 쿵쿵 발 구름
소리처럼 커졌다. 생경하게 느껴지던 물질은 금방
다른 쪽 귀를 통해 빠져나갔다.

이렇듯 소리는 모든 물리적 공간을 땅이 아닌
바다로 변모시킨다. 바다는 영토화와 분할의 표식을
갖지 않는다. 음악이 노랫말과 함께 흐르는 동안 흐름과
멈춤이라는 상이한 시간이 뒤섞였다. 아- 오- 위아래로
벌어지는 합창단의 입 구멍에서 분절되지 않은
시간과 이름 붙여지지 않은 언어가 새어 나왔다. 바다는
또한 땅의 고정성과 안정성을 압도하는 흐름으로
모든 질서 정연함과 통제 가능성을 무너트린다. 깊이를
가늠하거나 너비를 파악할 수 있는 어떤 단서도
제공하지 않는다. 그저 시작도 끝도 없이 내내
일렁일 뿐이다. 마치 경계 따윈 태초부터 존재하지
않았던 것처럼.

짐멜은 귀가 눈과 달리 금방 소멸될 순간의
흐름을 감지하는 기관이라고 봤다. 눈은 얼굴과

넘어가는 시점까지도 배우들에게 최대한 감정을
배제한 채 '천천히 또박또박 읽기'만을 요청해 원성을
사기도 하는데, 그런 그가 유나와의 대화에서
청인 중심의 사고를 드러내는 장면은 꽤 의미심장하다.
이는 '볼 수 있음'이 반드시 '잘 읽기'로 수렴되는 건
아니지만, '들을/말할 수 있음'은 여전히 의사소통의
필요충분조건으로 여겨짐을 보여주기 때문이다.
특정 감각 기관의 정상적인 작동은 정말로 특정 행위의
정상적인 수행을 담보하는 걸까? '주고-받음'이라는
의사소통은 '있음'을 전제해야만 가능한 걸까? 열어진
채로 있음과 있지 않음의 중간 상태로 있는 말이란
존재하지 않는 걸까? 나는 그렇게 말과 하기 사이의
먼 거리를 지나 말과 듣기 사이의 심대한 바다로
들어서게 됐다.

귀와 소리

독일의 사회학자 게오르그 짐멜은 「감각의 사회학」
이라는 짧은 에세이에서 "귀는 주지는 않고 단지 받기만
하는 전적으로 이기적인 기관"[1]이라고 쓴 바 있다.
눈은 본질상 시선을 주지 않고서는 받을 수 없는
기관인데 반해 귀는 그렇지 않다는 것이다. 하지만
짐멜은 곧바로 닫아버릴 수 없다는 특징으로 인해
귀의 이기주의가 상쇄된다고 덧붙인다. "귀는 오로지
받아들이기만 하기 때문에 근접한 것은 무엇이든지
가리지 않고 받아들여야 하는 숙명을 안고 있다".[2]

---

[1] 게오르그 짐멜, 김덕영·윤미애 옮김, 『짐멜의 모더니티 읽기』, 새물결, 2005, 166쪽.
[2] 같은 책, 166쪽.

되뇌었다. 말하기에 관한 욕망은 곧바로 듣기의 필요를
불러왔다. 잘 쓰려면 열심히 읽어야 하는 것처럼 말이다.
그런데 잘 듣기란 대체 뭘까? 정말 말하기는 듣기와 늘
함께 가는 걸까? 말하기를 잘하는 사람이 듣는 일에는
형편없거나, 듣기를 못하는 사람이 말하기를 잘하는
일은 불가능한 걸까?

　　　물음 끝에서 하마구치 류스케의 영화 〈드라이브
마이 카〉가 잔상처럼 피어오른다. 살아남은 자의 슬픔과
그 슬픔을 매개로 서로가 서로의 치유가 되는 과정을
섬세히 그려내는 이 영화엔 '유나'라는 흥미로운 인물이
등장한다. 유나는 주인공 가후쿠의 연극을 소리-언어로
구현해내는 여타의 청인 배우들과 달리 몸짓-언어를
구사하는 농인 배우다. 그래서 가후쿠는 유나에게
연습이 힘들지 않냐고 묻지만, 유나는 도리어 다른
사람에게 묻지 않은 걸 왜 자신에게만 묻냐고 반문한다.
얼마간의 정적 후, 유나는 손바람을 일으켜 이렇게
속삭인다.

> 내 말이 전해지지 않는 건 저한텐 평범한 일이에요.
> 하지만 보는 것도 듣는 것도 가능해요. 때로는 말보다
> 더 많은 걸 이해할 수 있어요. 이 연습에 중요한 건
> 그런 거 아닌가요?
>
> ── 하마구치 류스케, 〈드라이브 마이 카〉 중

극중 가후쿠는 애초에 '눈'이 있다고 해서 '글'을 잘
읽는 건 아니라고 믿는 인물이다. 그래서 영화가 중반이

말 바깥에서

말, 하기와 듣기

2023년 가을, '삼달다방'의 책 출간을 축하하는 자리에 초대를 받았다. 삼달다방은 일평생 장애 해방을 외쳐온 다방지기가 제주도에서 운영하는 배리어 프리 문화공간으로 여러 연구자들과 활동가들의 거점이자 쉼터이다. 하지만 내게는 그보다 조금 더 사적인 의미를 갖는 공간인데, 다방지기와의 관계가 평범한 주인-손님이 아닌 엄마 친구-친구 딸인 까닭이다. 엄마 친구를 '이모'라고 부르는 관행은 '이모의 친구들'과 함께 숟가락을 맞대고 밥을 먹는 일상으로 이어졌고, 이후 우리가 둘러앉은 식탁은 내게 하나의 현장이 됐다. 그 현장으로 모여든 목소리를 이제는 더 많은 사람들이 들을 수 있게 됐다는 기쁜 마음으로 북 콘서트를 즐겼다. 자리가 무르익자 축하 공연이 이어졌는데 이날 무대에 오른 이들은 '4·16합창단'과 '평화의 나무 합창단'이었다. 누가 축하 공연을 하는지는 차치하고, 축하 무대가 있다는 사실조차 모르고 있던 나는 잠시 어리둥절했지만, 이내 몸을 의자에 파묻고 공연에 집중하기 시작했다.

그즈음의 나는 '말하기'라는 행위에 열중하고 있었다. 어떻게 하면 말을 더 잘할 수 있을까, 자주 어떤 사라짐이란 글을 씀으로써 완결되기도 하기 때문이다. 그렇게 믿게 됐다. 내 안으로 들어온 무언가는 잘 정돈하고 이해하고 글로 내보내야 편안해진다는 사실을 오랜 뒤 깨달았다. 아무렇게나 쓰레받기에 받쳐 내보낼 수도 있지만, 그렇게 하지 않기 위해 글을 쓴다는 것을. 있어야 할 자리에 있어야 할 것을 돌려보내듯, 잘 돌려보냈다는 이야기를 그저 쓰는 것임을. 그렇게 하지 못했을 때 내 안에 불균형과 부조화가 일어난다는 것 또한.

그렇기에 계속 고요에 귀 기울인다. 아무 소리가 들리지 않는 고요와 무언가 있었다가 사라진 상태의 서로 다른 고요를 알아채는 몸이 되기 위해 노력하며. 사라질 음들을 잘 배웅하는 마음으로, 그렇게 음악을 듣는다.

함께 모호하게 사라진다. 그리고 〈The Poetry of Earth (Geophony)〉로 이어진다. 피아노의 아르페지오 위에 천천히 겹쳐지는 현악기 선율들이 아름다운 자연의 장면들을 넉넉하게, 때로는 쓸쓸하게 포착한다. 막스 리히터에게 많은 사람이 기대하는, 이제는 포스트 미니멀리즘의 전형이 된 반복되는 모티브, 어렵지 않은 화성 진행을 특징으로 하는, 그러나 여전히 마음을 움직이는 마법 같은 음형들이 춤을 춘다. 다시 산업 기계의 소음을 떠올리게 하는 〈Life Study Ⅳ〉가 이어진다.

음악 트랙과 'Life Study' 트랙의 교차를 쭉 듣다 보면 어느 쪽이 삶과 더 닮았는지 판단하기가 어려워진다. 리히터는 케이지가 웅변하듯 주장하는 무無를 사유하기에 너무 산만해진 '우리'를 한탄하며 회피 혹은 도피로서 쉼의 감각을 제공한다. 그의 음악은 명상이나 이완이라는 단어와도 닮았다.

다시 자리에 남아

음악이 만드는 고요에 대해 생각한다. 음악이 만드는 고요를 글로 쓰는 나의 일에 대해서도 생각한다. 나의 일이란, 그저 사라져버렸다고 해도 그게 무의미한 일만은 아니라는 주장을 내포한다.

굳이 공표할 필요가 있는가, 어쩌면 개인적인 경험일 뿐인데 흘려보내면 그만 아닌가, 무의미하지 않은 일이 맞는가…… 반복되는 질문에 위축되고 또 무기력해질 때도 있었다. 그럼에도 음악이 지나간 자리에 관해 쓴다. 사라짐이 이룬 것들에 대해.

아니었다. 그저 이렇게밖에 들을 수 없는 어떤 부류의 음악이 있는 것 같다. 생겨난 것 같다. 사라진 것들을 멍하게 바라볼 수밖에 없는 어떤 음악이, 그런 감상의 순간이. 사회 속 긴장과 경직으로부터 때때로 떠밀리며 그렇게. 그러다 또 홀홀 털고 일어나면 밝고 소란스러운, 혹은 별 의미 없는 장면들을 분주히 다시 흘려보낼 것이다.

케이지가 양복을 입고 비장하게 걸어 나와 피아노의 몸체를 내리치거나 오리 장난감을 삑삑대던 무대로부터 육십여 년이 흐른 오늘날에는 막스 리히터가 그보다 안온한 방식으로, 자연스러운 일상의 소리들을 음악의 고요로 불러들인다. 리히터의 《In a Landscape》는 열 곡의 음악 사이사이 아홉 개의 'Life Study' 트랙을 들려준다.

리히터는 파트너와 함께 옥스퍼드서 지역에 설립한 친환경 스튜디오에서 이 앨범을 만들었다고 한다. 스튜디오 주변 숲에서 녹음한 소리, 세계 여러 나라를 여행하며 수집한 소리를 그대로 혹은 어쿠스틱 악기 및 전자 장치로 변형하여 들려준다. 음악 트랙보다 'Life Study'가 더 중요한 앨범이라고도 할 수 있다. 실제 일상과 상상의 영역을 오가며 어떤 풍경으로 들어가기도 하고(In a landscape), 내면에 침잠하기도 한다(Inner landscape).

앨범의 긴 서사 중 가장 좋아하는 대목은 여섯 번째 트랙인 〈Life Study Ⅲ〉부터다. 누군가의 휘파람 소리, 대화 소리, 걷고 있는 듯한 소리가 아주 먼 곳에서 들려오듯 거리감을 둔 채 존재하다 바람 같은 무언가와

남겨두는 일, 즉 각자의 감정을 원래 자리인 각자의
마음속에 남겨두는 일이다. 우리 중 어느 누구도
타인에게 자신의 감정을 주입하지 않는다. '대중을
선동하는' 이런 방식은 겉으로는 인간적으로 보일지
몰라도 인간을 동물화하는 데 가까우며, 우리는 이런
일을 하고 있지 않다.[4]

무한한 조합과 연속성이 가능한 자유로운 상태 그대로,
명상하는 내면, 즐거운, 모험적이고 소박한 일로서의
감상이 있는 그대로 존재할 수 있도록 케이지는 자신의
취향과 창조적 능력을 극단적으로 끊어냈다. 케이지의
자유로움에 공감한 나는 별수 없이 어정쩡하게 서서
그의 음악 없는 음악을 듣는다.

고요를 이루는 음악들

무선 이어폰, 책 한 권이 흐트러진 이불 속에서 자는 건지
깨어 있는 건지 나조차도 알 수 없던 그 며칠간 언뜻언뜻
건넛방의 소리를 들었다. 드라마 음악을 만드는 일을
하는 남편이 작업하는 소리였다. 시트콤 같은 밝고
소란스러운 분위기의 화면에 음악을 맞추어 넣는 일을
하던 그는 한 번씩 건너와 우울한 음악 좀 그만 들으라는
잔소리를 하고는 사라졌다. 그런가, 하고 몸을 일으키니
조금 나아진 듯하기도 했다.

딱히 우울함이라는 정서를 즐기기 위함은

---

4   같은 책, 304쪽.

두려움을 키우며 사람들이 어떻게 생각할까를 염려하는
것이다. 이런 작곡가는 무수히 많은 문제에 부딪힌다.
그의 작품은 어느 누구의 작품보다 더 뛰어나고, 더
인상적이며, 더 아름다워야 한다. 이것, 이 아름답고도
심오한 대상, 이 걸작은 인생과 정확히 무슨 관계가
있을까? 그 관계는 다름 아닌 유리된 관계다.[3]

케이지의 음악 안에는 모든 경험, 그러니까 고정된
관념을 주입하는, 이상적인 감상을 방해하는 모든
요소를 들어내겠다는 무언의 주장이 존재한다. 그의
고요는 요란한 질감을 지닌다.

케이지는 오랫동안 선禪 사상에 천착했다.
1936년 시애틀에서 낸시 윌슨 로스의 '선불교와
다다이즘'이라는 강연을 처음 들은 그는 이후
서구에 선불교를 소개한 스즈키 다이세츠와 공부하기
시작했고, 결정적으로 1951년 자신의 제자이자
동료였던 크리스천 울프로부터 『주역』 최초 영문판을
선물 받으며 음악관을 완전히 바꾸었다. 그해 그는
주사위를 굴려 어떤 음을 만들 것인지, 그 음을 얼마나
지속할지, 얼마나 크게 칠지, 어떤 속도로 계속할지,
동시에 몇 겹의 활동을 겹쳐 놓을지 결정하는 방식으로
작곡한 〈주역 음악〉을 발표했다.

우리가 하고 있는 일은 내면에 있는 것들을 내면에

3　존 케이지, 나현영 옮김, 「유에 관한 강연」, 『사일런스: 존 케이지의 강연과 글』,
오픈하우스, 2014, 160쪽.

글쓰기를 하고 있다는 감각을 느낄 때가 있는데, 음악 아닌/없는 음악을 들을 때다. 정서적 고요를 일으키는 음악이 있다. 아이러니하지만, 고요와 침묵을 목적으로 곡을 쓰는 작곡가들이 있다. 아르보 패르트가 음을 지워나감으로써 내면 깊숙한 어느 세계를 상징하는 고요의 상태를 구현했다면 존 케이지는 그보다 급진적인, 시끄러운 고요를 만든다.

케이지는 일생 동안 음악 안에 있는 모든 음악을 사라지게 하는 데 열정을 다했다. 케이지의 음악 안에는 음악이 없다. 나는 그런 케이지의 음악을 좋아한다.

"곡 하나를 쓴다고/듣는다고/연주한다고 이루어지는 것은 아무것도 없다." 케이지의 강연과 글을 모은 책『사일런스』는「선언」의 이 문장으로 시작하는데, 언뜻 냉소주의나 허무주의처럼 보이지만 그것과는 거리가 멀다. 케이지는 고정관념을 거부하고 자기부정을 통해 궁극적으로 '모든 것'을 '수용'한다. 케이지는「무에 관한 강연」에서 또 다음과 같이 말한다. "나는 할 말이 없고 할 말이 없다는 얘기를 하고 있으며 이것이 내게 필요한 시다." 무한한 가능성에 자기 자신을 던지겠다는 뜻이다. 듣는 이들 또한 그렇게 하기를 제안한다. 구체적으로 이해해보자면 이런 설명도 옳길 만하다.

수용보다 창작에 책무를 느끼는 작곡가는, 그 시점에 유행하는 깊이를 암시하지 않는 모든 사건을 가능성의 영역에서 배제해버린다. 자신을 대단하게 생각하고, 또 그렇게 평가받고 싶은 마음에, 자신의 사랑을 축소하고

음악 아닌/없는 음악 듣기

병과 약에 취한 상태였다 해도 지난 며칠의 감상은
아주 오랜만에 강렬한 인상으로 남았다. 고차원의
이야기를 듣는 가장 이상적인 방법이 아닌가 하는
생각도 든다. 이완한 채로 어떠한 상태 혹은 세계로서의
음악에 빠져드는 것. 과심미화된 세상을 가르며 맑게
울리는 종소리를 온몸으로 듣듯.

음악에 내재된 사상을 어떻게 글로 쓸 수 있을까
하는 질문을 다양한 방식으로 스스로 해온 것 같다.
음악을 하는 자/듣는 자/말하는 자로 나눈다면 하는
자들은 늘 동경의 대상이었고, 내가 이루지 못한 꿈이다.
듣는 자이자 말하는 자로서, 그러니까 정확히는 쓰는
자로서 때로는 들리지 않는 것에 관해 쓸 때도 있었고,
들리는 것을 기록할 언어를 찾지 못할 때도 있었다.

듣는 행위란 들려오는 무언가에 수동적으로
내맡겨지고 빠져드는 일에 가깝다. 그리고 쓰는 일은
그 정반대에 있다. 들리는 것들을 꾸밈없이 적어보자면
몇몇 형용사 혹은 감탄사 정도에 그치거나 부득이
시인이나 몽상가가 되어 과잉된 말들을 주로 나열하게
된다. 음악이라는 형식으로 표현된 어떠한 철학에
관해 쓰는 일이란 그보다 훨씬 의미 있고 충만해지는
작업이다. 물론 듣는 자와 말하는 자라는 두 자아를
합일하여 유의미한 글들을 써내는 몇몇 비평가도
있지만, 한계를 지닌 나로서는 때때로 질문하게 되는
것이다. 나는 지금 음악을 논하고 있는 게 맞는가,
자조적인 고민을 이어가던 시기도 있다.

그럼에도 아주 드물게 몰입한 채로 음악적인

3화음, 단 하나의 조성만으로 '하나의 울림'을 위한 음악을 썼다. "나는 하나의 음이 아름답게 연주될 때 그것으로 충분하다는 사실을 발견했다. 이 하나의 음, 또는 하나의 고요한 박, 또는 하나의 고요한 순간이 나를 위로한다."[1] 패르트가 이 하나의 울림으로 구현하고자 했던 고요의 순간이란 자신이 섬기는 영적인 존재를 만나는 내면 깊숙한 곳 어느 공간을 상징한다. 주성부가 되는 하나의 멜로디, 그리고 이와 가장 가까운 3화음의 구성음으로 이루어진 틴티나불리 성부, 그리고 이 두 성부의 융합을 돕는 베이스 성부(한 음을 유지한다)가 단조로운 박자로 느리게 연주된다. 여기서 주성부와 틴티나불리 성부는 분리할 수 없는 하나의 결합체다. 전통적인 다성 음악이 긴장과 이완을 반복하며 '진행'하는 것(1+1=1+1)과 달리 패르트의 틴티나불리 음악은 두 개의 성부, 두 개의 음이 하나로 통일되는 것을 목적으로 한다(1+1=1).[2]

　　　이 각각의 결합체는 거룩한 침묵을 향해 소멸한다. 패르트는 원형의 무한성으로 숭고함을 빚어내며, 축소의 미학을 들려준다. 패르트는 자신이 그려 넣은 음들이 지나간 자리에서 청자들이 인간 존재에 관한 깨달음을 얻기를 기대했다. 그리고 시대를 초월하는 문제들, 의미와 상징, 순수를 향한 방향성 같은 것을 발견하기를 바랐다. 그렇게 자신의 음들을 지워나갔다. 어떤 예술은 사라짐으로써 존재의 가치를 발현한다.

---

[1]　Marguerite Bostonia, Bells as Inspiration for Tintinnabulation, The Cambridge Companion to Arvo Pärt, Cambridge: Cambridge University Press, 2012, 128쪽.

[2]　아내인 노라 패르트가 처음 생각해낸 수식 비유로, 패르트가 이에 동의했다고 한다. Enzo Restagno, 2010: 이혜윤, 2018 재인용.

음악 아닌/없는 음악 듣기

　　　　음악이 지나간 자리에서
며칠 독감을 앓는 동안 에스토니아 작곡가 아르보
패르트의 〈알리나를 위하여〉를 내내 들었다. 들었다,
는 동사를 쓰며 머뭇거리게 된다. 약 기운에 취해 이불
속에서 꿈쩍도 하지 않고 대부분 자거나 비몽사몽
상태로 지내며 이 짧은 곡을 계속 반복해 틀어두었을
뿐이다. 그러는 동안 소설도 한 권 읽었는데, 사라진 줄
알았지만 사라진 것이 아님을 이야기하는, 사라진 듯
보이지만 분명 존재함으로써 남은 자들을 구원하는
이야기였다. 몽롱한 의식 속에 글자와 소리 들이
뒤섞이는 며칠을 보내고 몸을 일으켜 이 글을 쓰고 있다.
　　　　　사라지기 위해 존재하는 음들이 있다. 무한하고
숭고한 침묵으로 전하고자 했던 이야기가 있다.
'틴티나불리'. 패르트는 〈알리나를 위하여〉를 쓰던
1976년에 고유의 작곡법을 정립하고 스스로 이렇게
이름 지었다. 틴티나불리는 라틴어tinniolum로 수도원에서
수도승을 부를 때 사용하는 '작은 종'을 이른다. 이
시기 그는 20세기를 주도했던 유럽의 아방가르드
작곡 기법과 단절한 채 그레고리안 성가같이 순수하고
본질적인 음악을 쓰는 데 몰두했다. 매우 적은 요소,
하나 혹은 두 개의 성부, 그리고 가장 원시적인 재료인

"모든 유는 무의 메아리다."

●

존 케이지, 『사일런스』

쓰는 일과 삶을 살아내는 일이 언제나 동시적이라는 것을, 스스로에 대한 치열한 고민과 반성이 묻어 있지 않은 글은 잘 쓴 글일 수는 있어도 좋은 글일 수는 없다는 것을 내 나름의 이정표로 세우기도 했다.

무엇보다 이미 발생한 사태를 뒤쫓는 데 급급한 것이 글의 숙명이고 그렇게 과거화되는 현재를 속절없이 지켜만 봐야 하는 것이 글 쓰는 자가 짊어져야 할 운명이라 할지라도, 사건으로부터 너무 멀리 떨어진 글을 쓰지는 않겠다는 다짐을 새겼다. 그것이 내가 해온 공부의 쓸모라는 잠정적인 결론도 내렸다. 그렇게 나의 어떤 부분은 죽음을 맞이했고, 그것은 다시 내 안의 어떤 탄생으로 이어졌다.

껍질을 벗어던지는 행위와도 비슷한 이 과정이 지난 몇 년간 내가 지속적으로 겪은 변화다. 이제는 학문의 외피를 두르고 자기기만적인 고양됨을 느끼는 날보다 물렁한 속살을 무방비하게 내비치며 위태로운 찰나를 기꺼워하는 날이 더 많다. 언제든 상처 입을 준비가 되어 있는 연약한 피부와 그 아래서 퍼지는 뭉근한 온기와 두근거리는 맥동. 요즘은 이 형언할 수 없는 감각과 내가 가진 언어 사이에서 발생하는 미묘한 어긋남을 들여다보며 아직 탄생하지 않은 미래의 언어와 도래하지 않은 언어의 미래를 그려보는 연습을 하고 있다. 연습을 꾸준히 하다 보면 어느 날 꿈꾸던 미래가 눈앞에 펼쳐지지 않을까. 집을 갖지 못한 것들의 세계가 그려 넣어진, 발갛고 촉촉한 지도를 손에 넣게 될 미래가.

넣는 이유도 바로 이 때문이다.

나는 이제 모든 게 해프닝이었다며 아무 일 없었던 것처럼 넘어갈 수 없다. 나를 연구자로 길러낸 세계가 내게 남긴 유산은 그런 것이 아니다. 내가 물려받은 것은 무언가를 없는 셈 치는 폭력과 불의에 저항할 용기이자 항거할 의지이며, 불화하는 지성이다.

이것들은 나를 좁고 험준한 비탈길로 이끌었다. 나는 대문자 이론과 언어를 끌어다 쓰는 일에 신중해졌고 거대 서사 앞에서 숨 고르기를 하는 일이 잦아졌다. 날카롭게 벼려진 학문의 언어, 엄밀하게 세공된 사상적 개념, 타당한 논증과 합리적 판단, 표준화된 양식 및 제도적 관습 등을 향해 나아갈수록 내가 알고자 했던 모든 것들로부터 멀어진다는 역설은 나를 매번 긴장하게 만들었다. 내 이론적 도구함에 들어 있는 연장들이 모든 앎의 가능성을 확신할 때 진리의 외양을 한 권위로 되돌아올 수 있다는 우려 역시 온몸의 촉각을 곤두세우게 했다.

경계심은 체화된 것에 대한 조용한 거부와 새로운 것에의 물듦으로 이어졌다. 어휘나 문체, 글의 난이도가 좋은 글의 기준이 될 수 없다는 생각을 하게 됐고, 막힘없이 나아가는 직선형의 글과 어지럽게 맴도는 나선형의 글이 반드시 등을 지고 있는 것은 아니라는 생각도 하게 됐다. 이전이었다면 크게 신경 쓰지 않았을 어미나 조사 앞에서 한 템포 쉬어가게 됐고, 문장의 시제를 자주 썼다 지웠다 하는 버릇이 생겼으며, 머릿속에서 선명하게 그려지는 글에 가까워지기 위해 촉각의 표현을 수집하는 새로운 습관도 생겼다. 글을 이 하나하나의 질문을 곱씹고 그 과정에서 얻게 된 앎을 꼼꼼히 이어 붙일 때, 책을 책장에 남겨두는 행위는 권위를 옹호하는 제스처가 아닌 권위를 부수는 몸짓이 될 것이다.

껍질을 벗어던지고

푸코는 일찍이 '비판'을 "이런 식으로 통치받지 않으려는 기술"[4]로 정의했다. 전통과 관습이라는 이름으로 불멸의 생을 이어가는 권력에 맞서고 그 대리보충물인 관성과 맹목, 환상으로부터 멀리 달아나는 일, 역사가 진실이라 공언했다는 이유만으로 받아들이기보다는 스스로의 타당한 이유를 찾아 나서는 일, 자기에의 의지를 통한 자기에의 통치에 저항하는 일이야말로 비판의 핵심이라 본 것이다.

자기 수양에 가까운 이 태도를 문화연구가 그 자신의 정체성으로 삼았다는 건 내게 큰 안도감을 준다. "어떻게 하면 이런 식으로, 이들에 의해서, 이런 원칙들의 이름으로, 이런 목표들을 위해, 이런 절차를 통해, 그런 식으로, 그것을 위해, 그들에 의해 통치당하지 않을 것인가"[5]를 끈질기게 되묻는 작업이 곧 비판이라면 그 과녁을 자기 자신에게 돌리는 것 역시 겸허히 받아들일 테니 말이다. 내가 떠나온 세계를 여전히 나의 '집'으로 여기며 소개말 앞머리에 '문화연구자'를 적어

---

4 미셸 푸코, 심세광 · 오트르망 · 전혜리 옮김, 『비판이란 무엇인가? 자기 수양』, 동녘, 2016, 45쪽.
5 같은 책, 44쪽.

시절 현지 아동을 대상으로 성 착취를 했다는 뉴스가
갑자기 터져나온 것이다. 하지만 푸코를 금방이라도
난도질할 것 같던 기세는 빠르게 소강상태를 맞이했다.
검증 보도가 이어지며 이것이 근거 없는 '해프닝'에
불과했다는 사실이 알려진 까닭이다.[3]

　　　　　이 일련의 사태 이후 나는 내 안에 있던
치욕스러움과 자괴감, 무력감이 기존의 질문을
구부리는 힘으로 작동해야 한다는 걸 깨달았다. 유명
예술가의 문란한 사생활이나 도덕성이 그의 작품을
폐기해야 할 정당한 근거가 될 수 있는지를 따져 묻는
일은 분명 중요하다. 그런데 그 이상으로 중요한 것은
왜 똑같은 문제가 매번 회귀하는지, 순환하는 시간
속에서 우리가 무엇을 놓치고 흘려보냈는지를 숙고하는
일이다. 지금의 나를 있게 한 책들을 계속 책장에
꽂아둘 것인지 말 것인지와 같은 납작한 수준의
논의에서는 모습을 드러내지 못하는 질문들이 있다.
이를테면 고전과 정전이라 일컬어지던 것들, '위대한
예술'이라 칭해온 것들을 접하며 쌓아 올린 세계를
부순다는 것이 구체적으로 어떤 의미이며 그것이 어떤
조건하에서 (불)가능한지, 여성적 글 읽기는
그 자체로 급진적인지, 이것이 현실에서 무용한 소동으로
전락하거나 축소되지는 않는지, '참고문헌 없음'이라는
잿더미 위의 폐허는 어떻게 미화되는지 같은 것들.

3　프랑스의 유명 칼럼니스트 기 소르망(Guy Sorman)으로부터 제기된 이 스캔들의
　상세한 내용과 주요 쟁점들은 다음을 참고하라. 폴 벤느, 『푸코: 그의 사유,
　그의 인격』(이상길 옮김, 리시올, 2023) 중 개정판 옮긴이 후기(「푸코를 불태워야
　하는가?—철학자의 섹슈얼리티, 섹슈얼리티의 철학」)

못했기 때문이다. 연일 모 대학의 어떤 교수가 행한
파렴치한 행위들이 고발됐다. 그리고 그중엔
내가 인상 깊게 읽거나 깊이 공감했던 이도 포함됐다.
그의 글을 나침반 삼아 지적 여정을 해나갔던
사람으로서 내가 그를 청산하는 일은 단순히 그라는
존재를 없었던 셈 치는 일이 아니었다. 그것은 차라리
그와 함께, 그의 곁에서, 그의 아래서 연구자로 자라온
나의 일부를 죽이는 일에 가까웠다. 그러니까 그건
타살, 명백히 타살이었다.

　　　문제는 연구자로서 내가 파렴치한 행위를
한 자의 저작을 모두 폐기해야 한다는 입장에 완전히
동의하는 건 아니라는 점이다. 작가와 작품, 행위자와
행위, 인간과 사유 사이의 관계는 복잡하고 때로는
이율배반적이어서 한쪽의 문제를 들어 다른 한쪽을
판단하는 일은 신중할 필요가 있다. 하지만 동시에
이와 같은 원론적인 입장은 자칫 교조적이고 관용적인
태도로 비칠 우려가 있으며, 무엇보다 권위에의 옹호로
수렴될 가능성이 크다. 타당하지 않다거나 적실하지
않다는 이유로 불충분과 틀림이라는 낙인이 찍혀
내쳐진 사유가 있다는 사실을 나는 안다. 그 사실이
우리의 과거고 현재며 어쩌면 미래가 될 거라는
사실도 나는 안다. 그래서 나는 '그럼에도 불구하고
읽어야 한다'라는 말과 '더 이상 읽으면 안 된다'는
말 사이에서 자꾸 멈칫거렸고, 죽음은 더디게 진행됐다.

　　　학문장 내부에 자리하던 곤란은 2021년 3월을
통과하며 학문장 전체의 곤경으로 확장됐다. 20세기의
대표 사상가인 미셸 푸코가 1960년대 튀니지 체류

내파하는 세계

여성적 글 읽기는 사변적인 것이 아니다. 그것은 이미 현실태거나 최소한 곧 현실이 될 잠재태다. 2018년 2월, 할리우드에서 촉발된 '미투 운동Me Too Movement'의 여파가 한국에까지 영향을 미치며 한국 문학장이 들끓었던 것을 떠올려보자. 고은, 이윤택, 김기덕 등 예술의 세부 영역에서 거물로 불려온 자들에 대한 폭로가 터져나왔고, 사태는 일파만파로 번졌다. '올바름'이 새로운 윤리 규범으로 자리매김한 시대에 미투 고발은 용납될 수 없기에 사람들은 모든 지지와 지원을 철회하는, 이른바 '캔슬 컬처Cancel Culture'로 응했다.

대표적인 사례가 바로 '참고문헌 없음'이다. '참고문헌 없음'은 '#문단_내_성폭력'에 지속적으로 문제를 제기했던 한 여성 시인의 동명시를 필두로 여성의 목소리를 삭제해온 그간의 문헌을 더 이상 삶과 문학의 주요 참조점으로 삼지 않겠다는 여성 문인들의 다짐이자 비평적 실천이다. 동시에 타히티의 소녀를 뮤즈muse로 삼았던 폴 고갱, 자신만큼이나 (어쩌면 그보다 더) 그림에 재능이 있었던 아내 조세핀의 활동 반경을 가정으로 제한하고 속박했던 에드워드 호퍼, 스스로 아동 성애자임을 자인했던 앙드레 지드 등을 불살라야 한다는 목소리의 귀환이기도 하다. 그런데 이것은 정말 가능한 일일까? 우리는 지금의 우리를 있게 한 '참고문헌'을 불태울 수 있을까?

내게 이것은 지극히 현실적인 문제였다. 미투 운동은 영역을 가리지 않고 확산됐고, 예술장 못지않게 보수적이고 폐쇄적인 학문장 역시 이로부터 자유롭지 타자를 향한 응시, 복잡성과 취약성을 드러낼 용기, 그로부터 촉발되는 글쓰기. 나는 이것이 여성적 글쓰기의 핵심이라고 생각한다.

그러나 이와 더불어 유념해야 할 것은 이 새로운 종류의 실험적·대안적 글쓰기가 지극히 계급적인 글쓰기라는 점이다. 언어가 제아무리 '주인의 도구'라 할지라도 글쓰기의 기초적인 재료나 도구조차 주어지지 않은 이들에게는 주인의 언어만이 자기 세계를 무너트리고 다시 건설할 수 있는 유일무이한 도구다. 지면 또한 마찬가지다. 그것은 '모든 사람'에게 공평하게 주어지지 않는다. 지면은 해당 공간에 출현하거나 얼마간의 자리를 점유할 권리를 가진 사람에게만 열려 있다. 많은 이에게 영향력을 행사하거나, 사회적으로 높은 지위를 가졌거나, 최소한 '작가'라고 불릴 만한 이력 및 학력을 가진 사람, 즉 글을 쓸 '자격'이 있는 이에게만 주어지는 특권적인 무대가 바로 지면이다.

따라서 여성적 글쓰기 역시 다른 의미로 권력적인 글쓰기일 수밖에 없다. 내가 여성적 글쓰기를 긍정하면서도 그것이 계급 실천의 일환이라는 생각을 쉽게 떨쳐버리지 못하는 이유다. 그렇다면 '글 읽기'는 어떨까. 여성적 글쓰기의 가장자리에서 '여성적 글 읽기'의 형상을 떠올려본다. 마땅한 자격이나 권리를 따지지 않는 읽기, 타당하지 않음과 불충분함, 틀림으로 낙인찍힐 위협을 무릅쓴 읽기, 다른 이가 점유한 영토에 나의 은신처를 마련하는 읽기. 수많은 글쓰기 뒤에 놓이지만, 무수한 글쓰기 앞에 놓일 글 읽기를 가만히 골몰해본다.

글쓰기'를 강조한 바 있다. 여성적 글쓰기란 남성
중심의 언어와 서구 형이상학의 근간을 이뤄왔던
로고스중심주의에 도전하는 글쓰기다. 하지만 이는
어디까지나 에두른 표현이다. 왜냐하면 여성적 글쓰기가
무엇인지 확언하거나 이론화하는 기획은 애초에
불가능하기 때문이다. 무언가를 명명한다는 것은 새로운
관념을 다시 기존의 언어 질서로 포획해 고정한다는
것에 다름 아니며, 이는 식수가 문학이라는 이름으로
달성하고자 했던 궁극적인 성취와 정확히 정반대에
놓인다. 따라서 '여성적 글쓰기란 무엇이다'라고
규정하려는 시도는 그 욕망이 강해질수록 원관념과 점점
더 멀어질 뿐이다.

　　　여성적 글쓰기가 무엇인지 말할 수 없다 해서
그것이 존재하지 않는 건 아니다. 여성적 글쓰기는 분명
있다. 다만 그것이 생물학적 · 해부학적 본질주의에
근거하지 않을 뿐이다. '-적'이라는 수사가 접미사로
붙을 때 흔히들 그것이 당사자주의로부터 발원하는
것이라 여기지만 윌리엄 셰익스피어나 하인리히
폰 클라이스트처럼 "모든 희생을 무릅쓰고, 전통에
이질적인 무언가를 통과시키려고 했던 시인들",
"현실적인 사회 틀 안에서는 유지 불가능한"[2] 존재를
떠올리는 남성들을 여성적 글쓰기의 대표격으로
소환하는 걸로 미뤄보아, 식수는 본질주의에 반하는
글쓰기를 여성적 글쓰기로 보는 듯하다. 중력처럼
작용하는 거대한 힘을 거스르려는 노력, 자기 내부의

2　　엘렌 식수, 박혜영 옮김, 『메두사의 웃음/출구』, 동문선, 2004, 17쪽.

임무가 여성에게 부과되어왔다는 점, 여성 신체의
식민화를 정당화하는 데 학교, 병원, 군대, 회사 등과 같은
사회 내 다양한 영역들이 공모해왔다는 점 등은 이성애-
비장애-남성을 국민 일반으로 사유해온 세계에서
'역사적 사실'이나 '실제의 현실'이 되지 못하며 비평의
적실성을 판단하는 '타당한' 준거도 되지 못한다.
        그렇게 중년-남성에게 응집된 역량을 한국
영화장의 '저력'이자 '권력'으로 읽어낸 독자적인 해석은
'틀린 비평'이 된다. 공인된 역사를 그대로 '받아쓰는'
문화적 재현이 어떤 가치와 의미가 있는지, 관행과
관습의 비호 아래서 선악의 대립 구도로 단편화된 서사가
동시대 영화 관객들에게 어떤 종류의 생채기를 낼 수
있는지, 혹 그런 종류의 흔적을 남길 역량이 이 영화에게
남아 있기는 한지 등 '잘못된 독해'로부터 풀어낼 수 있는
이야기 타래가 싹둑 잘려나가버리는 것이다.
        어떤 책이나 영화에 관한 독해가 얼마나 적실한
것이었는지를 판단하는 일은 이 글의 관심이 아니다.
그보다는 '틀렸다'거나, '타당하지 않다'거나, '적실하지
않다'는 말로 동력을 상실한 채 진전되지 못한 논의와
봉쇄된 사유들, 그것의 정체성과 정치값, 잠재력 같은
것들이 나는 궁금하다. 집으로부터 추방당한 것들, 집을
등진 것들, 세계를 배회하고 부유하는 것들. 그것들은
전부 어디로 흘러가, 어디서 사는 걸까? 나는 그것을 찾기
위해 집을 떠나기로 결심했다.

        여성적 글쓰기의 가장자리
프랑스 작가이자 문학평론가인 엘렌 식수는 '여성적

알려졌다.[1]

그러자 페미니스트는 모든 걸 여성주의로 욱여넣는다는 둥, 잘 만든 영화를 괜히 '여혐(여성혐오)' 영화 취급한다는 둥 온갖 종류의 비난이 쏟아졌다. 맹목적인 혐오와 날 선 표현을 정제하자 남은 것은 "역사가 그런데 어쩌라는 거냐"라는 식의 반응이었다. 역사가 그렇게 전개되어왔다는 '사실'이나 군대가 남성 중심 공간이라는 '현실'은 해당 비평의 적실성을 의심하는 최우선의 근거로 동원된다. 말하자면 이 영화는 '12·12사태'라는 한국의 역사적 사건을 재현하고 있으며, 사건의 주무대 역시 군대라는 특수한 공간이기에 해당 영화를 보고 '남자가 진짜 많다'고 평하는 것은 적절치 못하다는 거다. 이 과정에서 역사가 왜 이성애-비장애-남성 위주로 전개되어왔는지를 묻는 이는 거의 없다. 국가 안보와 공동체 안위라는 대의에 의해 남성이 끊임없이 동원되어왔다는 점, 부름받을 신체를 원활하게 보급하기 위한 재생산의

---

[1] 사실 이 대담은 애초부터 한국의 군사주의와 남성성을 고찰하는 영화로서 〈서울의 봄〉을 조명하는 기획이다. 부연하자면 대담을 진행한 송형국 평론가와 손희정 평론가는 90년대 말 등장한 '한국형 느와르'와 그것의 핵심 형상인 '좌절한 남성'이 〈서울의 봄〉을 연출한 김성수 감독으로부터 시작되었으며, 시간과 함께 그의 남성성 탐구가 더 깊어지고 있다고 입을 모은다. IMF 전후로 한국 사회의 남성(성)은 '위기의 남성(성)' 또는 '고개 숙인 남성(성)'이라는 말로 요약돼왔으며, 이때부터 김성수 감독은 한국 사회의 남성성을 다양한 방식으로 고찰해왔다는 것이다. 그런 맥락에서 두 평론가는 〈서울의 봄〉이 한층 더 깊어진 문제의식과 장르 문법, 대중성 등을 적절하게 조합해낸 '잘 만든 영화'라고 말한다. 그러고서는 손희정 평론가는 다음과 같은 말을 덧붙였다. "다만 영화 보면서 숨이 막혔던 건 진짜 남자가 많다는 점이다. 비판이나 비아냥이라기보다 한국에 중년 남성 배우가 많고 한국 영화가 지금까지 쌓아온 역량이 중년 남성 배우들에게 응집돼 있다는 걸 느꼈다."(출처: 「한국사회의 군사주의와 남성성을 고찰하는 영화 〈서울의 봄〉」, 《한국영화》, 2023년 12월)

점을 꼬집었다. 노동 계급 (청소년) 문화 전체가 '싸나이 문화'로 환원되는 것은 아니며, 여분의 지점이 지배와 순응, 저항과 탈주, 공모와 타협 등의 과정을 거쳐 이뤄지는 계급 재생산을 역동적·입체적으로 파악할 수 있게 해주는 요소기 때문에 적극적으로 고려해야 한다는 문제 제기였다.

나를 비롯한 몇몇의 사람들은 여기에 수긍했다. 개개인의 위치가 동일하다 하더라도 위치 감각까지 동일한 것은 아니기에 동질화된 집단 내부에서 이질성을 꼬집어내는 일이 중요하다고 여긴 것이다. 하지만 대다수의 사람들은 이 지적을 '타당하지 않다'고 일축했다. 이 연구의 핵심은 노동 계급 문화로 대변되는 대항 문화가 지배 문화를 체계적으로 재생산하는 데 일조한다는 것이며, 이 과정에서 대항 문화가 반드시 모든 지점에서 대항적인 것은 아니라는 사실, 즉 성차별적이고 인종차별적인 성격을 띤다는 점은 '충분히' 다뤄졌다는 연유에서였다.

이렇듯 타당함과 타당하지 않음은 종종 충분함과 불충분함의 층위로 이동했고, 이것은 다시 옳고 그름의 문제로 변모했다. 가까운 사례로 2023년 영화 〈서울의 봄〉과 관련해 온라인 커뮤니티에 있었던 논란을 들 수 있다. 당시 영화진흥위원회에서 발간하는 월간 《한국영화》는 12월호에서 〈서울의 봄〉에 관한 대담을 진행했는데, 이때 한 페미니스트 평론가가 해당 영화의 출연진이 남성 일색이라는 점을 짚으며 한국 영화계에는 이른바 '한남(한국남자) 시네마틱 유니버스'가 형성되어 있다고 진단한 내용이

어떤 죽음과 탄생

'타당하지 않은 질문'과 '틀린 비평'

어떤 질문이 타당하지 않다는 것은 어떤 의미일까?
공부를 하며 자주 떠올렸던 물음 중 하나다. 기억을
더듬어보면 내가 문화연구를 고향으로 삼은 이래로
걸어온 길은 대체로 '타당한' 질문들이 이어낸 길이었다.
이를테면 인류의 지적 과업이라고 하는 것 전체가
서구 유럽에서 축적되어왔다는 비판, 백인을 보편으로
상정해온 학문적 무의식에서 벗어나려는 의식적
노력이 다양한 인종과 민족, 국가 등을 사유하게 했지만
새롭게 만들어진 사유의 지도 역시 권력과 불가분의
관계에 놓여 있다는 성찰, 그러므로 전방위적인 탈식민
지식을 생산해내는 것이 이론의 역할이자 소명이라는
주장까지. 이중 어느 것 하나 타당하지 않은 것은 없었다.

그러다 나는 우연한 계기로 갈림길에 들어서게
됐다. 노동 계급 자녀들을 인터뷰하면서 '학교'라는
제도적 공간이 어떻게 노동 계급 및 노동 계급 문화를
재생산하는 장치가 되는지, 특히 공교육이라는 지배
이데올로기에 저항하는 속성을 지닌 이른바 '싸나이
문화'가 어떻게 주체를 질서로 예속시켜 체제 유지라는
역설의 결과를 낳는지에 관해 동료들과 토론을 하던
때였다. 누군가 연구 참여자 대부분이 '남자아이'라는

다른 누군가가 내가 그에 관해 읽고 쓰는 동안에도
살아간다는 사실을 아는 것으로부터 시작한다면
말이다. 내가 어떤 것에 대해 아무리 열심히 쓰고
읽는다고 할지라도 그 글은 불가피하게 그들의 삶이
지닌 시간성을 소거하기 마련이다. 하지만 그들의
삶은 글을 넘어 나아간다. 글보다 더 길고 울퉁불퉁한
길을 따라서. 글보다 오래 지속된다. 길을 걷는다.

거리감과 시차를 절감하며 동시에 현재 진형형의
길을 생각하기 위해 결코 다른 누구로 있을 수 없으면서
항상 다른 누구로 존재하기를 바라며 나는 창문을 활짝
열어둔 채로 의자를 창가에 더욱 바짝 붙여 앉는다.
한곳의 창문을 오래 바라보기도 하고 높은 담을 넘어
어둡고 축축한 길을 따라 갔다가 먼 곳의 여러 창문들을
둘러보기도 한다. 오래 앉아 있다가 곧 긴 산책을 떠난다.
이제 나는 의자로부터 벗어나기 위해 산책을 떠난다고
말하는 대신 의자에 더 잘 앉아 있기 위해 산책을 한다고,
그리고 언젠가는 더 잘 산책하고 싶어서 지금 의자에
앉아 있다고 말한다. 창문 너머로 바람이 분다.

그것은 그 한계에서 시작하는 것일지 모른다.

의자의 한계로부터 의자의 자리를 이야기하는 것, 누구나

집 안에 앉아서 세상 모든 풍경을 다 볼 수 없다는

그 결여로부터 써보는 것, 움직이는 몸들을 보며 느낀

부채감을 '외면'하지 않고, 이 거리감을 '통해' 내 연구가

어떻게 되었다고 말하지 않고 해보는 것.

유예된 시간

되지 못함으로부터 됨을 얘기해보는 것이다. 이것은

무언가를 미루면서 이것이 되었다는 사실로부터 쓰는

것이다. 움직이고, 창밖으로 나서고, 현장에 함께 있기를

미뤄두고 앉아 있다는 생각은 그렇게 했을 수도

있을 다른 시간을 통해 지금의 시간을 인식한다. 그렇게

나의 몸과 나의 자리를 내가 바라보고 있는 몸들과

자리들의 목전에 놓여 있는 시간 속에 위치시켜보고

싶다. 이때 유예된 시간으로서의 현재에서는 '그렇게

되지 못함'과 '그렇게 될 수 있었음'과 '그렇게 될 것'이

만나게 된다. 부채감과 연결의 감각, 대상화의

문제와 연구자의 성찰, 개인의 경험과 공동체의 기억,

과거에 빚지고 있는 미래와 미래를 지연시키는 과거,

이 모든 것들이 복잡하게 만나 정체되어 있는 이곳을

너무 빨리 떠나고 싶지 않다.

버지니아 울프는 에세이를 두고 결코 자기

자신으로 있지 않으면서 항상 자기 자신으로 있어야 하는

글이라고 말한 바 있다. 연구는 아마 결코 다른 누구로

있을 수 없으면서 항상 다른 누구로 있을 것을 요구하는

일이 아닐까. 항상 다른 누구로 있겠다는 마음이

안과 밖의 경계의 일부를 구성한다는 점을 아는 일은
더 이상 순진할 수 없다는 의미에서 관객으로서
슬픈 일이지만 연구자로서는 필요한 일임이 분명했다.

이전까지 창문이 내게 접속과 몰입에 관한
것이었다면 이제 창문은 벽과 풍경, 안과 밖의 충돌이다.
연구의 관점에서는 연구자와 현장의 거리감을
드러내기도 한다. 나는 주로 창문을 활짝 열어놓고
작업하는 편이지만 내 방의 창문 바깥보다도 멀리
가고 싶을 때 '윈도우 스왑Window Swap'이라는 사이트를
들어가본다. 세계 각지의 사람들이 자기 자리에서
보이는 창밖의 풍경을 찍어서 올리면 그 풍경을
무작위로 볼 수 있는 페이지다. 창문을 서로 바꿔 본다는
의미다. 눈 내린 시골 풍경에 오래 머물러 있기는 하지만
멈춰놓기보다는 여러 창문을 천천히 둘러보는 것을
좋아한다. 또 다른 창문과 구멍이 필요할 때, 여기 말고도
무수한 창문들과 구멍들이 있다는 것을 알아야 할 때
쉽게 찾을 수 있는 방법이지만, 오히려 내가 앉은 의자와
저 창문과의 거리감을 인식하는 방법이기도 하다.
풍경 한쪽 모서리에 적혀 있는 좌표와 사람의 이름은
그 거리감을 인증한다. 사실 우리가 집 안에 앉아서 세상
모든 풍경을 다 볼 수 있다면 필요하지도 가능하지도
않을 일이다. 의자에 있다는 것은 하나의 아주 작고 좁은
시공간에 고정되어 있다는 뜻이기 때문이다.

그렇다면 이제 의자의 자리는 다시 설정된다.
그 자리는 온전한 대상에 닿을 수 없는 박약한 지점에
놓여 있다. 의자에서, 딱딱한 어깨를 가지고, 창문을
에두르는 가만한 벽을 보며 내가 무언가 해볼 수 있다면

수 없이 안과 밖을 나눈다는 점이 선명해졌다. 창문으로
보이는 대상과 나 사이는 별수 없이 창문 '너머'에 있는
것이었다. 내가 의자에 앉아서 브뤼노와 '함께' 살았다고
느끼는 것은 분명한 기만이다. 창문 너머로 대상이
생동할 때 그 주변을 두르고 있는 가만한 창틀과 벽이
더 눈에 들어오기 시작했다. 가만한 벽의 정적이 더 크게
보였다. 움직이는 몸들이 현장으로 보이게 된 순간도 그
즈음이었다. 더 정확하게는 부채감을 외면할 수 없었다.
　　　　현장이라는 말은 '바로', '그곳'을 의미한다.
시시각각 시공간을 가로지른다는 점에서 움직이는
몸은 그 자체로 현장임이 분명하다. 바로-그곳이라고
날카롭게 겨냥하는 시간과 공간은 바로-그곳의
'몸'만이 알아챌 수 있는 것이므로 그로부터 얼마간
떨어진 가만한 몸은 분명히 둔한 구석이 있을 것이다.
따라서 현장과 연구자의 자리는 움직이는 몸의
활동성과 의자 위에 앉아 있는 몸의 고정성 간의
차이만큼이나 분명히 다르다. 우리는 시위 현장이나
다큐멘터리 현장이라는 말을 쓰는 것에 비해 연구
현장(현장 연구라는 말과는 다르다)이라고는 잘 말하지
않는다. 누군가가 자신의 집을 지키기 위해 팔을 이어
울타리를 만들고, 기후위기를 경고하기 위해 길 위에
드러눕는 행진을 할 때 나는 의자에 앉아 있거나 같이
움직이다가도 어느 순간에는 의자에 앉아야 한다는
것이 부끄럽게 느껴졌다. 그보다 내 방 안에 있는 것이
맞는 일인지 매 순간 의문스러웠다. 이렇게 돌아온 후에
가만히 앉아서 쓸 글이 저기서 함께 움직이는 것보다
더 나을 자신이 없어서 두려웠다. 애초에 창문도 사실

이 영화에서 길만큼 중요한 것은 담이다. 브뤼노가 사기꾼들과 절대 해서는 안 될 비윤리적 거래를 저지를 때 그 사기꾼들은 자신의 신분을 노출하지 않기 위해 벽과 담을 사이에 두고 아이와 돈을 주고받는다. 그 담 앞에 서 있던 브뤼노의 얼굴이 선연하다. 담은 브뤼노를 취약하게 만드는 구조며 벽 앞에서 브뤼노가 짓고 있는 표정은 그가 사회를 대하는 태도를 드러낸다. 아이를 두고 온 자리에 놓여 있는 돈을 확인하는 브뤼노의 얼굴과 그 이후 아이를 되찾기 위해 벽 너머로 계속해서 아이 거기 있냐고 묻는 브뤼노의 얼굴은 생판 다른 것이다.

나는 그때 보았던 벽과 담을 생생하게 기억한다. 목소리만 들려오는 텅 빈 벽을 마주한 채로 브뤼노가 무언가를 기다릴 때, 나 역시 그 벽을 무력하게 바라보고 있었다. 처음 벽 앞에 선 나의 마음이 브뤼노를 저지하고 싶은 것이었다면 두 번째 벽 앞에 섰을 때 나 역시 브뤼노를 따라서 벽 너머에 아이가 있기를 간절히 바라는 마음이었다는 점에서, 벽 앞에서의 시간은 내게도 물질적으로 생생했다. 그 담은 내게 관념적·이론적 의미에서의 경계의 현현이기도 하지만 은유도 재현도 아닌 '담'이라는 것의 실질적인 무게로도 다가온다. 벽 너머의 아이를 찾기 위해 브뤼노와 함께 뛰어가는 동안 영화는 내게 현실의 창문이었다.

한계의 자리에서
하지만 그 창문에 대해서 본격적으로 연구해보겠다고 창문 안쪽에 앉아 있는 시간이 길어질수록 창문은 어쩔

형제의 인물들은 그 길을 수백 번도 걸어본 사람처럼,
그리고 그 길 위에서 한 번도 희망을 품어보지 않은
사람처럼 건조한 얼굴을 하고 있다. 특히 브뤼노가 돈을
마련하기 위해, 소냐의 마음을 돌리기 위해, 아이를
되찾아오기 위해 길을 걷는 동안 그의 손에 유아차가
들려 있기 때문에 그의 보행이 순탄하지 않다는 점은
그의 태연한 표정을 더욱 버석한 것으로 만든다.
브뤼노가 끄는 유아차가 계단과 턱에 막혀서 헛바퀴
돌 때, 바퀴의 움직임은 비단 유아차의 것만이 아니다.
영화 후반부에서 그가 소매치기를 하고 도주하는 중
그가 탄 스쿠터가 더 이상 나가지 못할 때도 같은 상황의
무한한 반복, 그의 인생의 여느 한 장면이다. 길 위에
그를 가로막는 것이 계속된다.

      하지만 이번에 바퀴 주변의 철사 덤불을
맨손으로 쥐어뜯을 때, 그의 얼굴은 본 적 없는 그의
한계를 예고한다. 평온했던 얼굴이 일그러지기 시작한
것이다. 그래서 결국 그가 주저앉고 말 때, 그 순간은
영화가 어쩌면 가장 기다려온 순간이기도 하다.
이 좌절은 영화가 비춘 그 길 위에서 위태로운 인간이
응당 지을 수 있는 인간적인 표정에 대한 것이며 그가
돌이킬 수 없는 범죄를 지을 수도 있었던 길목에서의
포기의 순간이기 때문이다. 좌절을 통해 그는
나약해지지만 이를 통해 스스로를 지킨다. 마지막에
모든 일을 자수하고 교도소 면회실에서 소냐와 함께
손을 맞잡고 하염없이 울 때, 브뤼노는 비로소 앉아 있다.
나는 이 영화를 보고 나면 아주 오랫동안 걸은 것 같은
기분이 든다.

순간도 어쩌면 창문과 관련되었던 것 같다. 아주
오래전 다르덴 형제(장 피에르 다르덴 · 뤽 다르덴)의
영화 〈더 차일드〉를 보았을 때였다.

길과 담

어린 커플 브뤼노와 소냐는 국가에서 연금을 받거나
길거리에서 도둑질을 해서 하루하루 연명한다.
둘에게는 준비가 안 된 채로 아이가 생긴다. 사건은
소냐가 브뤼노에게 잠깐 아이를 맡긴 사이 브뤼노가
입양 알선자에게 아이를 팔아버리면서 발생한다.
브뤼노와 달리 출산과 동시에 엄마가 된 소냐는
그 소식을 듣고 기절한다. 바로 자신의 잘못을 자각하게
된 브뤼노는 다시 입양 알선자에 연락해 돈을 돌려주고
아이를 되찾아온다. 하지만 그사이에 소냐는 이미 그를
고소한 데다가, 입양을 번복하는 과정에서 브뤼노는
폭력배들의 협박을 받게 된다. 잘못을 뉘우치게 된
순간부터 소냐를 만나기 위해, 그리고 폭력배들에게 줄
돈을 마련하기 위해 브뤼노는 계속해서 돌아다닌다.

　　　　이 영화를 길에 대한 영화라고 볼 수 있지
않을까. 다르덴 형제의 핸드헬드 쇼트Handheld Shot가
애당초 움직이는 피사체들을 손으로 직접 들고 찍어
흔들리는 카메라로 집요하게 쫓아가며 관객에게
그 피사체들의 상황을 전이시킨다고 알려진 것도,
그의 영화가 길 위에서 길에 대해 이야기하기 때문일
것이다. 영화 속에서 인물들이 걷고 있는 길은 카메라의
흔들림만큼이나 인물들에게 너무 혼란스럽다.
화면 안 인물들이 위태로워 보인다. 하지만 다르덴

앉은 자리에서 움직이는 몸들을 보며

아주 오래 산책한 끝에 의자로 돌아온다. 지나가는
계절과 새로 생기고 영영 없어지는 가게와 도로들,
무엇보다 그 사이 내 가족들과 친구들, 사람들이
또 일어섰다가 스러지며 살고 있는 세상을 뒤로 한 채로.
걷고 어슬렁거리기 위해 여기에서 떠나지만
이 모든 과정의 이유는 마침내 잘 돌아오기 위해서다.
앉은 자리에서 나는 내가 뒤로하고 온 몸들을 생각하며
책을 읽고 글을 쓴다. 책을 읽고 글을 쓰는 일은 어떤
의미에서 풍요로워지는 일이지만, 이 자리에서 직접
그들의 몸을 치료하거나 쓰다듬지는 못하기 때문에
무능을 자각하는 일이기도 하다. 내가 앉은 자리
언저리에 고여 있는 마음은 어떻게 저 밖으로 뻗쳐
나갈 수 있을까. 가끔은 내 안에서 쪼개지는 여러 몸에도
불구하고 결국 연구자의 자리는 앉은 자리에 있다는
사실이 무겁게 느껴진다. 그 자리는 단단한 집이지만
이동시키기 어려운 짐이기도 하다.

그나마 앉아서 두리번거릴 수 있는 방법으로는
창문이 있다. 창문 쪽으로 의자를 놓고 앉아서
바뀌는 하늘의 모습이나 지나가는 새 같은 것들을 볼
수 있다. 창문은 내가 여기 앉은 자리 너머와 연결되는
아주 중요한 구멍이다. 스크린이 그 기원부터 구멍이나
창문이었다는 점은 내가 공부 중에서도 영상 예술
공부를 좋아하는 가장 큰 이유다. 스크린의 현실
투영성 같은 주제는 순진한 이야기라는 점을 알면서도
내가 어김없이 매혹되고 마는 곳이다. 영화라는 것을
조금 더 진지하게 보고 싶다는 생각이 들었던 처음의

생긴 대로 그 위에 몸을 붙들어 매고 한곳을 바라보며
일을 한다. 서 있는 몸이 공간을 횡단하고, 누워 있는
몸이 꿈과 현실, 아침과 밤, 시간과 의식의 경계를
오간다면, 앉아 있는 몸은 그보다 하나의 시공간을 깊게
파고드는 식이다. 나 자신에게는 예민해지지만 나를
둘러싼 주변에는 둔감해지는 시간이다.

　　　　어깨와 목이 자주 뭉치고 허리가 아픈 이유는
다 의자에 너무 많이 앉아 있기 때문일 것이다. 그러지
않기 위해서는 또 중간중간 일어나서 스트레칭을
해주고 잠시 자세를 바꿔줘야 한다고들 한다. 비록
운동을 즐기는 사람은 못되지만 산책만은 그 무엇보다
즐긴다. 취미가 무엇이냐는 질문에 종종 산책이라고
대답한다. 모든 짐을 놔두고 빈 어깨로 걷는 것을
좋아한다. 평상시에 주로 내 어깨에 짊어지는 것들은
대부분 의자 맞은편 책상 위에 있다. 산책할 때 나는
자주 방향을 틀고 두리번거린다. 다른 운동들이 더 오래
앉을 수 있는 근육을 갖기 위함이라면 산책만은
오래 앉아 있는 것으로부터의 일탈이라고 느낀다.
(일단 산책은 운동이 아닐지도 모른다……) 딱딱하게
의자를 닮은 몸을 이끌고 오랫동안 산책하는 밤에는
내가 공부하느라 못 본 것들이 이렇게 많았구나 하는
사실에 새삼 놀란다. 지나가는 계절, 새로 생기고 영영
없어지는 가게와 도로, 그런 것들을 너무 많이 놓치고
싶지는 않아서 자주 산책하는 것 같다. 소중한 것들은
대체로 유한하고 그런 것들은 또 대체로 내 의자에
앉아서는 볼 수 없다.

어쩌면 영원할 미룸

의자와 산책

공부를 계속하겠다고 했을 때 모두들 그 성패는 엉덩이
싸움에 달려 있다고 했다. 연구는 오래 앉아 있을수록
잘하게 되는 것이라는 말을 자주 들었다. 공부하는 것은
잘 앉아 있는 것이 아닐까, 이 글을 쓰는 내 방 의자에
앉아서 생각하고 있다. 괜한 말이 아니라 나를 포함한
주변 연구자들이 거처를 꾸릴 때 제일 오래 고민하게
되는 것이 책상과 의자인데, 특히 의자는
그 엉덩이 싸움에서의 제일 중요한 조력자이자 심지어
주된 방법이다. 어떤 의자에 앉을 것이냐 하는 문제는
그 자리에서 얼마나 어떻게 공부할 것인가의 문제와
직결된다고도 볼 수 있다. 연구자는 의자에 앉아서
의자에서 일어날 때까지 직업을 가진다. 진득하게 앉아
있는 것—내 몸이 의자 위에 있을수록 더 잘하게 될
것이라는 생각. 내 몸은 의자를 닮아간다.

　　　내게 앉아 있다는 것은 의자의 자리에 한동안
가만히 있다는 것을 의미한다. 서 있는 몸이 걷거나
뛰거나 이리저리 어슬렁거리다가 잠시 어딘가를
응시하고 다시 발길을 옮길 때에도, 누워 있는 몸이
엎드렸다가 천장을 봤다가 꼴깍 잠이 들었다가 꿈을
꾸고 다시 뒤척일 때에도, 앉아 있는 몸은 주로 의자가

일상이 시가 되고, 시가 다시 일상이 되는, 시는 결코
책상에 앉은 채로만 쓰일 수는 없다는 이야기를 전한다.
　　　영화의 마지막 장면은 어느 이름 모를 일본인과
주인공 패터슨의 우연한 대화다. 윌리엄 카를로스
윌리엄스가 살던 도시를 보기 위해 패터슨에 왔다는
이는 영화 전체에서 가장 중요한 대사를 말한다.
　　　"아하!"
　　　패터슨이라는 8연의 시에 가장 역동적인 정점이
찍힌다. 이 대사로 시 전체의 아름다운 운율이 완성됐다.
일본인은 이 짧은 대사를 마치 시를 낭독하듯 과장하여
내뱉는다. 한 박자 쉬고 아하, 라고 말한 뒤 자리를
떠난다. '아하'란 시차를 둔 깨달음, 차분한 생각 뒤에
따라오는 기발한 찰나다. 이 즐거운 순간은 일정한
간격을 두고 규칙적으로 반복되는 울림 뒤에서만 힘을
발휘한다.
　　　바쁜 일과 틈새마다 읽기의 흐름을 끼워 넣는
이유는 '아하'의 순간을 맞이하기 위함이다. 때로는
보거나 들음으로써 얻을 수도 있지만, 특히 읽는 행위가
삶의 리듬을 시적으로 만들어주는 것 같다. 반복되는
장면들로부터 기쁨의 재료가 되는 요소들을 찾는다.
이를테면 아이와 개의 몸짓들, 나의 몸과 관계하는
즐거운 순간들로 활기를 얻는다. 자연스러운 향유.
그리고 이를 새로이 배열하는 창조의 욕구를 '읽기'를
통해 발견한다. 그렇게 생명이 가득한 조화롭고
순환적인 리듬으로 나아간다. 가끔은 이렇게 인지하며,
글을 쓴다.

연약함이 두려워 감각과 취향, 지적 정보를 동원해
존재들의 관계를 논증하기 위해 애를 쓴다.
그런 의미에서 작업이란 삶에 대한 책임감이다.
　　　자기 삶에 책임감이 있는 자라면 누구나
시인이라는 게 영화〈패터슨〉이 전하는 메시지이기도
하다. 영화를 통해 나도 시인이 된다. 나 또한 가끔은
사소한 일상으로부터 또는 어느 위대한 예술가의
거대한 세계로부터 크고 작은 깨달음의 찰나를 맞는다.
악흥의 순간이다. 이 영감의 샘으로부터 어쩌면 근사한
무언가를 만들어낼 수도 있겠다는 설렘이 떠오른다.
이러한 순간은 때때로 그럴듯한 하나의 문장이 되기도
하지만 대체로는 그마저도 되지 않은 채 그저 일상의
굴곡에 녹아든다.
　　　내가 동원하는 감각과 교양이 초라한 것일까
두려울 때가 있다. 아니, 거의 언제나 그런 것 같다.
자신감이란 언젠가 채워지기는 하는 걸까. 무기력으로
무지에 다다르는 것보다는 악흥의 순간을 더 자주
마주하고, 더 자주 좌절하는 편이 낫다는 생각으로
다시 책상으로 돌아가 앉는다.

　　　아하!

영화는 패터슨이 쓰는 시에 등장하는 소재들, 성냥이나
폭포 같은 것과 패터슨이 버스를 운전하는 모습을
오버랩으로 보여주기도 한다. 월요일 아침 무심코
본 식탁 위 작은 성냥갑이 화요일에 다시 바라보았을
때 새로운 의미가 되고, 그 새로운 의미를 끌어안고
다시 몸을 움직여 버스 위로 올라가는 풍경이 펼쳐진다.

상당한 수준의 아마추어 음악가였다는 르페브르는
자신이 주창한 리듬분석가라는 역할을 시인의 일과
비슷하다고 보았다.

> 리듬분석가는 시인을 닮는 것일까? 넓은 의미에서는
> 그렇다. 정신분석가 혹은 '사물들'을 헤아리고 당연히
> 그것들을 부동의 상태로 묘사하는 통계학자보다는
> 시인에 더 가깝다. 리듬분석가는 시인처럼 '미학적' 힘을
> 갖는 언어적 행위를 수행한다. 시인은 무엇보다 단어들,
> 언어에 신경을 쓴다. 리듬분석가는 시간성, 전체 속에서
> 각 시간들이 맺는 관계에 주목한다.[5]

시인도 음악가도 삶 속 존재들의 관계에 미적 언어를
부여하는 일을 한다. 이들은 모두 자연의 리듬에 종속된,
그러면서도 그 범주에서 벗어날 수도 있는 특수한
하나의 흐름을 만들어낸다. 이들이 창조한 시간은
자연적 시간과 등시적으로 흐르며 일종의 대위법을
구축한다. 그렇게 현전함으로써 "'현재들'의 연속을
연상시키는 힘을 발휘한다."[6]
　　이러한 관점에서 보면 르페브르는, 패터슨은,
그리고 모든 창작자는 자신이 보고 들은 것에 질서가
필요한 사람들이다. 삶 속 혼돈을 제압하기 위해 나름의
논리와 신념이 바탕되는 작업 행위를 그때그때 행하는
자들이다. 그럴 수밖에 없는 자들이다. 작업자는 무지의

5　　같은 책, 97쪽.
6　　같은 책, 98쪽.

리듬들이 자연스럽게 다발을 이룬다고 풀이했다.

르페브르의 일상론을 제대로 이해하려면 일상생활을 억압하고 포섭하는 자본주의, 부정적인 모더니티, 개인의 자주적 '관리'를 방해하는 국가 및 도시의 공간성까지 폭넓게 이야기해야 한다. 개인 일상의 리듬이란 어느 때에는 아주 작은 물줄기가 되어 거대한 파도와 바람 앞에 쉽게 출렁인다. 지금 이 글 또한 '계엄'이라는 황당한 두 글자에 짓눌린 채로 쓰고 있다. 이러한 감각으로 바라보자면 영화 〈패터슨〉은 현대의 억압과 냉소를 지운 판타지처럼 느껴지기도 한다.

〈패터슨〉은 8연으로 구성된 한 편의 시다. 패터슨은 버스 앞 유리를 통해 세상을 바라보고, 그 사물화된 세계의 표면을 걷어내 운동 속에서 발견되는 리듬을 분석하고 사유한다. 그가 토해내는 철학적 표현들과 함께 영화는 패터슨이라는 한 편의 시를 쓴다. 패터슨의 일상에 직접적으로 고통스러운 사건이 벌어지지는 않지만, 그렇다 하더라도 리듬분석가인 패터슨은 결국 정상적인 조화 리듬성을 회복해나갈 것이다. 그럴 것이라는 믿음이 이 영화가 주는 위로다.

창작하기

르페브르는 자신의 방 창으로 파리의 어느 교차로를 내려다보며 소음과 웅성거림을 들었고 그 조합을, 그 변형과 돌출을 산문 형식으로 썼다.(『리듬분석』 3장 「창문에서 바라본 광경」) 그 장면을 떠올리면 영화 속 패터슨이 쓰며 사는 모습과 겹쳐 보인다. 생전에 규칙적인 반복은 더 이상 실망이 아닌 안도가 됐다. 아침이 되면 TV를 보는 아이와 그 곁에 아무렇게나 앉아 있는 개의 늘 같은 모습을 사진으로 남기고, 그 둘의 간격이 조금씩 가까워지는 모습을 모아 보는 일이 지금 나의 가장 큰 행복이다.

유한한 반복을 통해 결국 도달하게 될 어느 한 지점을 꿈꾸고 상상하는 삶에서, 그 반복 자체의 의미를 추구하는 삶으로 조금씩 바뀌어간다. 영화 〈패터슨〉에서도 이러한 삶의 방식을 패터슨 외 여러 등장인물을 통해 긍정한다. 패터슨이 버스 터미널에서 우연히 만난 시 쓰는 소녀, 빨래방에서 홀로 랩을 하던 남자, 그리고 늘 무언가 열정을 가지고 움직이는 패터슨의 아내까지 모든 이의 일상에 운율이 있다. 이들이 결국 유명한 시인이 된다거나 성공한 래퍼가 된다거나 하는 일에 영화는 관심이 없다. 등장인물들은 이미 그 몸 자체로 하나하나의 공간을 생산한다. 영화는 이들의 리듬을 탐지하고 측정한다.

리듬이란 규칙이 존재하는 이성적인 시간 그 자체로 보이지만 덜 이성적인 인간적 요소들, 즉 육체와 살, 체험 등과 관련을 맺는다.[4] 르페브르는 순환적인 것, 즉 '자연'과 선형적인 것, 이를테면 '역사'나 '사회'를 구분 짓고, 리듬 개념을 통해 이 이분법의 구분을 넘어 총체성의 관점에 도달하고자 했다. 리듬의 생성과 주기의 측정이 '몸'을 통해 이루어진다고 보고, '몸'이라는 복합적·자연적 리듬 위에 사회적·정신적

---

4   같은 책, 66쪽.

리듬들만이 있을 뿐이다."[2] 패터슨은 패터슨이라는
소도시를 오가며 그 시공간의 다양한 리듬을 파악하고,
이를 자기 자신의 고유한 에너지로 끌어온다.
르페브르식으로 말하자면 패터슨은 리듬들에 무방비인
채로 놓이지 않으며, 선택하거나 저항 혹은 갱신해가는
능동적인 태도로 '현전'한다. 그렇게 시라는 추상적
세계에 도달한다.

르페브르가 말하는 순수하거나 잔인한
모습으로 나타나는, 미소로 장식되거나 우울함으로
채색되기도 하는, 그러나 명백하게 꾸며낸 것으로
기만적인 그 '현재'는, '현전'과 변증법적 관계를
맺음으로써 극적인 미래, 의미 충만한 전체 속으로
통합한다.[3] 영화는 똑같이 나열되는 듯한 8일의 시간을
통해 인간 '현전'의 의미를 묘사한다.

일상이라는 시

요즘의 나는 삼십몇 년 만에 처음으로 반복되는
일상이란 얼마나 귀한 것인지 절실히 깨닫고 있다.
나의 미래가 매일매일 드라마틱하게 발전적일 거라고
상상했던 십 대 청소년기를 보낸 뒤, 그럴 리 없는
이십 대를 온몸으로 확인했을 때 느꼈던 실망감이란
여전히 생생하다. 이후 가까운 이의 죽음과 나의 몸을
통과한 탄생, 그리고 그 생명과의 동거를 겪으며,
그러니까 몇 번의 폭발적인 리듬 변형을 겪어내며

---

2   앙리 르페브르, 정기헌 옮김, 『리듬분석』, 갈무리, 2013, 83쪽.
3   같은 책, 95쪽.

패터슨은 관찰에 재능을 가지고 있다. 자기 주변의 평범하고 보잘것없는 것으로부터 주목할 만한 요소를 가뿐히 발견한다. 사소하고 우발적인 일이 패터슨의 손을 잡아끌고 시를 향해 그를 인도한다. 우발적인 일을 그가 만들어낼 수는 없다. 그저 주목하고 영감을 얻는 능력이 그에게 있을 뿐이다.

그는 자기 즐거움을 탐색한다. 이고르 스트라빈스키는 작곡가가 영감을 얻어 곡을 쓰는 과정에 대해 이렇게 말한다. "우리는 즐거움에 대한 기대 속에서, 육감이 이끄는 대로 일단 뒤지고 봅니다. 그러다 불현듯 미지의 장애물에 부딪히지요. 여기서 동요 혹은 충격을 느끼는데 바로 이 충격이 우리의 창조적 역량을 풍요롭게 합니다."[1] 관찰을 통해 선물 같은 순간이 주어지면 감각이라는 본능적인 능력, 그리고 꾸준히 갈고닦은 신체와 정신이 발현하는 교양이 그를 '다음'으로 데려간다는 점에서 패터슨의 시 쓰기는 작곡 행위와도 비슷하다. 창작인은 받아들인 요소를 체에 거르고, 자유의 심연에서 헤매며, 예술적인 무언가를 시도한다.

시도 음악도 그리고 일상도 규칙적인 반복으로부터 변화를 이룬다. 시도 음악도 일상도 거대한 단일의 리듬으로 이루어져 있지 않다. 수없이 다양한 리듬 꾸러미로 구성된다. "세계 안에 움직이지 않는 것은 아무것도 없다. 사물들이란 없다. ('우리 자신'과 비교해서) 느리거나 빠른, 매우 다양한

---

[1] 이고르 스트라빈스키, 이세진 옮김, 『음악의 시학』, 민음사, 2023, 75쪽.

의하면, '현재'는 자본주의 사회 속에서 하나의 시장이
되어 자연 세계를 사물화, 즉 정지된 객체로 만드는
경향이 있다고 분석한다. 이 위계화된 사물의 질서에
맞서기 위한 고유의 에너지, 즉 몸을 통해 발현되는
생명적 리듬, 조화로운 순환적 리듬을 찾아냄으로써
우리는 '현전'할 수 있다고 말한다.

내 몸의 박동을 메트로놈 삼아 감춰진 리듬,
공적(사회적) 리듬, 가상의 리듬 같은 것을 파악하라고
르페브르는 이야기한다. 리듬분석가의 태도로
삶을 살아가라는 것이 르페브르의 궁극적 제안이다.
그가 제시하는 실질적인 방법이란 다소 모호하긴 하지만,
어쨌든 리듬이란 기본적으로 하나의 시공간 안에서
반복됨으로써, 그러니까 소리의 움직임에 부여된 질서를
파악함으로써 분석된다는 점에서 세상에 대한 끈기 있는
관찰과 이해, 공감 능력, 비판 능력, 그리고 이를 언어로
기술할 언어적 능력을 르페브르가 요구하고 있다는
것은 분명하다. 이를 위해 나는 책을 읽는다. 그리고 영화
〈패터슨〉의 패터슨은 버스를 운전한다.

반복과 창조

주인공인 시인 패터슨에게 버스 운전사의 일은 그야말로
적업이다. 그는 패터슨이라는 자신과 같은 이름의
소도시를 매일 같은 시간 같은 방향으로 돈다. 그 버스에
타는 승객들은 언뜻 대체로 비슷한 듯 보이지만 결코
같지 않다. 늘 다른 얼굴 다른 표정으로 어제와는 다른
이야기들을 주고받는다. 창문 밖 날씨를 포함하여
패터슨 몸 주변 모든 것에는 이처럼 미세한 차이가 있다.

리듬 인지

삶이라는 리듬

어린 딸아이를 돌보고 이런저런 원고를 쓰는 일이 요즘의 일상 대부분을 채우고 있지만, 무엇보다 좋은 글을 많이 읽는 일이 중요하다는 걸 안다. 그렇기에 아직 주름지지 않은 빳빳한 새 책을 충분히 쌓아두고도 또다시 온라인 서점에 들어간다. 책상 위 너저분하게 놓인 많은 책 중 어떤 책은 몇 장의 서문 뒤에, 또 어떤 책은 그래도 절반쯤 뒤에 휴지, 명함, 과자 봉지 같은 것이 책갈피 삼아 끼워져 있다.

나에게 책을 읽는 행위는 삶이라는 하나의 리듬을 인지할 수 있게 하는 창이다. 책의 종류는 소설이 되기도, 이론서나 에세이, 혹은 악보가 되기도 한다. 나는 책 속의 다양한 서사를 읽으며 버석해진 몸의 감각을 깨우고 가상처럼 실재하는 현 세계를 파악한다. 그 허무와 우울의 패턴을 이해하면서 세상과 나름대로 조화를 이루어간다. 언뜻 비슷한 모습으로 반복되는 일상이 변화시키고 있는 것, 달라진 채로 요청하고 있는 무언가를 감지하기도 한다. 그렇게 비판과 창조의 계기를 얻는다.

'현재'가 아닌 '현전'으로 나아가게 하는 동력이 나에게는 읽는 행위로부터 나온다. 앙리 르페브르에

"읽기, 외부 세계와는 또 다른 빛과 어둠의 우주를 세우는 읽기,
그리고 글쓰기 우주의 연장이 분명한 읽기. 그 일은 친밀함 속에서 일어나고,
그곳은 햇빛이 군림하는 대신 다른 빛이 다스립니다."

●

엘렌 식수, 『글쓰기 사다리의 세 칸』

미학적으로 의미화하려는 시도에 의해 미학적인
것이 된다. 따라서 몸을 사유하는 일은 계속되어야
한다. 몸짓을 적극적으로 언어의 세계에 기입하고,
미끄러지고, 떨어져 나오고, 외면당하고, 포획되는
일련의 시행착오가 누적되어야 한다. 이는 비단
비평의 외연을 확장하거나 미학의 저변을 확대하기
위해서만이 아니다. 몸이 발산하는 숱한 이야기를
읽고 듣고 보고 쓰려는 노력은 존재에 이르는
길이기도 하다. 몸은 반복적이거나 이질적인 행위의
수행을 통해서만 출현한다. 늘 똑같은 행위에서도
매번 다르게 느껴지는 접촉들, 기이한 감각과 기묘한
체험들, 섬광처럼 스쳐 지나가는 그 순간이 모여
우리 자신을 구성해간다. 우리는 오직 그러한
방식으로만 존재할 수 있다. 그러니 몸을 사유하는 일,
몸을 쓰는 일은 존재를 사유하거나 쓰는 일이 아니다.
그 자체로 존재하는 일이다. "몸들을 향하여 쓰라.
그러면 그것은 존재를 향해, 또는 스스로를 건네는
존재를 향해 보내질 것이다."9

9   같은 책, 22쪽.

경계로서 발생하는 일회적 사건인 것이다. 그렇다면 이것은 어떻게 사유될 수 있는가?

지각하는 순간부터 주체로부터 떨어져 나와 인지 체계와 격리되는 나인 동시에 나 아닌 무언가. 재현 너머의 순순한 현현을 꿈꾸면서도 매번 재현이라는 한계에 부딪히고 마는 것. 시시때때로 나타나 외부를 갈망하면서도 끝끝내 내부로 숨고야 마는 유령. 이 책은 그것을 언어화해보는 글쓰기 실험이다. "'글쓰기'는 어떤 기호작용signification에 의한 명시나 증명이 아니라 의미와 닿기 위한 제스처"[8]다. 어떤 것과의 접촉을 향해 스스로를 건네고 또 보내는 몸짓이다. 하나가 다른 하나 속에서, 또 하나가 다른 하나에 의해서 파열하는 가닿음이다. 그래서 글쓰기는 경계를 따라서만 일어난다. 한계에서만, 그 첨점과 끝에서만 몸-쓰기가 발생한다. '접촉하는 글쓰기'가 발생한다.

몸은 그 자체로 미학적인 것이 아니라 그것을

---

[8] 같은 책, 21쪽.

한다. 몸 주변에는 '사적인 것'이라는 함정이 언제나
도사리고 있다. '보편화'라는 근대의 기치 아래서 어떤
몸-경험은 몇몇에게만 해당하는 '특수한 체험기'로
환원되어왔고, 이러한 경향은 '개인화'라는 현대
자본주의의 정언 명령에 의해 더욱더 가속화된다.
'세계-내-존재'에 가닿기 위한 노력이 '세계-내-
존재'를 여과하면서 이뤄지는 것이다. 그렇게 마침내
나타난 몸은 또다시 타자화된다.

　　　몸에 다가갈수록 몸과 멀어진다는 역설.
프랑스의 철학자 장-뤽 낭시에 따르면 이는 몸의
본질적인 속성에서 유래한다. "몸들은 오직 경계에서만,
경계로서만 발생한다."[6] 이때 "경계란, 의미나 질료의
연속이 낯섦과 교차하면서 부러짐을 겪는 외변, 열림과
불연속화discrétion"[7]의 다른 말이기도 하다. 즉 몸이란
물질적 부재와 비물질적 존재 사이에서 출몰하는
반투명한 그림자이자 시간의 틈새에서 나와 타자의

---

[6]　장-뤽 낭시, 김예령 옮김, 『코르푸스』, 문학과지성사, 2012, 20쪽.
[7]　같은 책, 20~21쪽.

안에서만 이뤄질 수 없음을 암시한다는 점에서,
더 정확히는 미(의)학이라는 것 자체가 불가능하다는
사실을 노출한다는 점에서 이 책의 귀중한 자원이
된다. 그것들은 대문자 이론의 굵직한 성과를 과감히
겹쳐놓으며 접합부를 매섭게 파고들고 틈새를 한껏
벌려낸다. 제도권 학문이라는 틀 안에서 관성적으로
이어져온 사고를 심문하거나 공백으로 방치되어온
것을 메우는 방식으로 새로운 앎을 구축해나간다.
이 책이 현상학과 몸미학, 정동 이론 등과 같은
의미 지평에 놓일 수 있다면 그것은 이러한 태도의
차원에서일 것이다. 주어진 것을 전부로 환원하지 않고
새로이 창발하는 것에 주의를 기울이는 태도. 경계를
응시하고 너머를 꿈꾸는 글의 태도.

　　　그런 입장에서 이 책은 몸에 대한 사유가
반드시 몸에 대한 깊은 이해로 이어지는 것은
아니라는 사실을 유념한다. 또한 몸에 대한 앎이
단일한 층위로 구성되거나 단단한 언어로 성문화될
수 없다는 것을 주지한다. 몸-경험은 개별의 몸을
연결시키기도 하지만 그것을 다시 분리 · 격리하기도

이러한 깨달음은 어떻게 몸이 신체를 둘러
입은 개별 존재로서 인간을 하나로 연결시키는지에
관한 심원한 물음을 추동한다. 인종, 젠더, 섹슈얼리티,
노인, 아동, 장애 등 실재로서의 몸과 관념으로서의
몸 모두를 고려하지 않고서는 사유될 수 없는
주제에서는 특히 그렇다. 각기 다른 형태와 질감의
몸이 갖는 고유 경험과 그 차이를 삭제하지 않으면서
타자와의 연대가 가능한지, 만약 가능하다면
그 구체적인 조건은 무엇인지, 몸—행복, 사랑, 우울,
고통, 상실감, 수치심 등—을 통한 공감과 이입,
동일시라는 우연한 사건이 어떻게 '다름'을 가로지르며
집단 내부의 응집력을 강화하는지, 이렇게 만들어진
'함께-있음'의 형태가 어떻게 정치사회학적 의제나
현실 요구의 주요한 동력이 되(지 못하)는지와 같은
꼬리 질문이 동시다발적으로 파생한다. 이렇듯 정동의
차원에서 몸을 둘러싼 미학의 고민은 윤리의 자리로,
또 정치의 자리로 끝없이 환류한다.
　　　현상학과 몸미학, 정동 이론 등은 몸을
사유하고 이야기하는 일이 미학이라는 비좁은 울타리

있는데, 양자는 내용적으로 유사하지만 명사형과
동사형의 형태라는 점에서 두드러지는 차이를 갖는다.
쉽게 말해 스피노자는 감성적인 것/정신적인 것을
몸-내부라는 고정된 장소에 머물러 있는 명사형이
아니라 몸-외부로 이행하며 인간으로 하여금
끊임없이 '~되기becoming'를 수행하게 하는 동사형으로
파악한 것이다.

　　　이런 관점에서 볼 때 몸은 인간 주체가 정동에
의해 행동 능력을 산출하고, 존재를 변화시키며,
매번 다른 신체를 출현시킬 수 있는 역능 그 자체다.
존재는 내재적으로 완결되거나 완성되어 있는 것이
아니라 언제나 미결·미완의 상태이며 대상과의
마주침 속에서 지속적으로 변화할 수밖에 없다.
존재는 자신을 구성하는 조건과의 영원 반복적인
상호 작용 속에서만 존재할 수 있다는 뜻이다.
이는 존재가 만들어내는 사건과 현상, 그것의
뒤얽힘으로 직조된 세계 역시 정지된 상태가 아닌
운동 중인 상태임을 시사한다. 존재도, 존재라는
사건도, 사건이라는 세계도 모두 닫혀 있지 않다.

이처럼 몸미학은, 현상학과 마찬가지로
관계적이고도 매개적인 사유를 주문한다는 점에서
전통 미학과 대별된다. 요컨대 두 상이한 영역은
시간의 흐름에 내맡겨진 하나의 몸이 다른 몸과의
마주침 속에서 열어낸 일련의 사태(시공간)를
숙고하고, 그 뒤엉킴의 차원을 예술이라는 미적 체험의
핵심으로 간주한다는 점에서, 그리하여 '형언할 수
없다'는 이유로 내쳐진 모든 감각과 반응, 느낌,
감수성 등을 복권한다는 점에서 맞닿는다.

반면에 정동 이론은 이러한 '내쳐진 것들'이
새로운 정치와 윤리를 촉발시킬 수 있다는 가능성에
주목한다. 정동이란 "존재 능력의 연속적인 변이"[5]를
뜻하는 것으로 스피노자에게 기원을 두는 개념이다.
스피노자는 일찍이 정신과 육체, 이성과 감성 등의
분리 불가능성을 주장하며 인간에게는 정서affectio만이
아니라 정동affectus 또한 주어져 있음을 역설한 바

---

[5] 안토니오 네그리 · 질 들뢰즈 외, 서창현 · 김상운 · 자율평론번역모임 옮김,
「정동이란 무엇인가?」, 『비물질노동과 다중』, 갈무리, 2005, 31쪽.

가상과 현실, 작품과 세계 등을 연결시키는 동시에
분리하는 과정이자 결과, 방법이자 효과다. 따라서
몸미학은 자기 신체를 단련하거나 외양을 가꾸는 일로
국한되지 않는다. 그보다는 몸을 매개로 이루어지는
구체적인 행위와 그 안에서 발생하는 다양한 종류의
상호 작용을 사유하는 일이다. 텅 빈 공간에 우두커니
서 있는 아티스트와 관객 간의 만남이 명사형으로의
예술이 아닌 동사형으로의 예술이라고 할 때
그것이 어떤 의미인지, 아티스트-관객이라는
기존의 구분이 어떻게 무너지는지, 이 과정에서 몸은
어떤 역할을 수행하는지를 설명하는 일이다.
페스티벌에서 땀을 흘리며 춤을 추거나, 거리에
나가 목소리를 높여 구호를 외치는 등의 행위가
'미학적'이라고 할 때, 이 행위가 어떻게 개별 존재를
미리 주어진 것이 아니라 계속 갱신되는 것으로
만드는지, 또 존재를 단수형으로 고립시키는 것이
아니라 복수형으로 연결시키는지를 고민함으로써
'미학적'이라는 수사가 어떤 새로운 의미 지평을
열어내는지를 규명하는 일이다.

근원적인 모태로서 몸의 중요성을 역설한다. 여기서의
몸은 관념적이거나 추상적인 개념이 아니라 몸을
매개로 감각되는 직접적인 경험, 신체적인 느낌,
살아 있는 감정 등을 아우르는 매우 구체적이고
물질적인 개념이다. 이런 몸-경험은 합리적 추론이나
과학적 논증, 논리적 정합성 및 타당성과 무관한
동시에 형언할 수 없다는ineffable 특징을 지니는데, 이는
미적 주체가 '유기체'이기도 하다는 근원적 사실을
환기시킨다. 쉽게 말해 인간은 감각 기관을 통해 얻은
정보를 분석하고 종합할 수 있는 고도의 지성적인
존재지만, 동시에 심장 박동이나 호흡, 근육의
수축 · 이완, 혈액 순환 및 호르몬 분비 등과 같은
자연적인 현상이 발생하는 장소이기도 하다.[4]

　　　이런 관점에서 본다면 몸은 세계에 접속을 이룬
주체가 얻은 인식과 감각을 축적하고 체화하는 동시에
그것을 창조적으로 변형, 실천, 표명하는 영토다.
또한 몸은 주체와 대상, 자아와 타자, 일상과 비일상,

---

[4]　리처드 슈스터만, 허정선 · 김진엽 옮김, 『삶의 미학』(이학사, 2012)

존재는 시간으로부터 사유되어야 하며 시간과 더불어 사유될 수밖에 없다. 세계에 내맡겨진 존재는 언제나 세계를 향해 열려 있어 항변하는 역동으로만 존재하는 까닭이다.[3]

현상학이 미적 체험을 (현)존재의 개시, 존재와 존재의 마주침, 특수한 시간(성)에의 체험, 변화를 발원케 하는 근원적 사태 등으로 바라볼 수 있는 여지를 제공한다면, 현대 영미 철학의 한 조류인 프래그머티즘은 그 기저에 놓인 구체적이고도 실체적인 '몸body'을 (사유의 대상이 아닌) 사유의 공간으로 파악할 수 있는 단초를 제공한다.

예컨대 '몸미학Somaesthetics'을 정립한 리처드 슈스터만은 예술이 제공하는 육체적 · 감각적 쾌락을 무가치한 것으로 폄하하는 태도가 물질/비물질, 육체/정신, 감성/이성, 표상/의미 등의 이항대립적 사유에서 기인하는 편견에 불과하다며, 모든 매체의

---

[3] 박현정, 「현상학의 사태에 대한 후설과 하이데거의 다른 이해」 (『현상학과 현대철학 98집』, 한국현상학회, 2023)

도래'다. 그러므로 이제 문제가 되는 것은 존재의
존재함 자체다. 존재를 존재하게 하는 것, 존재의
현전, 나타남이라는 사태, 도래하는 시간, 존재와
존재의 관계, 예술의 개시, 근원-근거로서의 사유가
하이데거로 말미암아 현대 미학의 새로운 과제로
부상하는 것이다.

　　　　이런 사유의 궤적 속에서 강조되어야
할 것은 인간이 다만 세계에 내던져진 존재,
즉 '세계-내-존재In-der-Welt-sein'로 규정된다는 사실이다.
이는 예술이든 철학이든 간에 그것이 천착하는
대상/존재가 선험적이거나 소여된 것으로 주어져
있는 것도 아니고 독자적으로 존재하는 것도 아님을
시사한다. 또한 동시에 특정 대상/존재가 발생과
소멸이라는 유한한 시간 속에서만 나타남을 뜻한다.
그간 서구 철학은 존재가 필연적으로 지닌 유한성을
자주 간과하고 시간의 한계를 초월하는 것으로
간주하는 듯한 면모를 보여왔으나, 하이데거가 보기에

2　마르틴 하이데거, 전양범 옮김, 『존재와 시간』, 동서문화사, 2015, 38쪽.

개별 사상과 이론가, 지적 원천에 따라 차이가 있지만 모두 이원론에 근거하여 예술을 정신적인 것, 고정적인 것, 불변하는 것 등으로 간주하고 그에 반하는 신체적인 것, 유동적인 것, 가변하는 것을 폄하해온 전통 미학의 가치 판단과 결별을 선언한다는 커다란 공통분모를 갖는다.

　　　각각을 조금 더 면밀히 들여다보자. 가령 현상학의 고유 명사 중 하나인 마르틴 하이데거는 예술의 대상, 즉 존재를 언제나 선험적인 것으로 간주해온 전통 형이상학과 거리를 두며 사유의 전환을 시도한다. 그에게 존재는 미리 주어져 있는 것이 아니라 곧이어 당도하는 것이다. 예술도 마찬가지다. 예술은 이미 존재했던 대상과 관련하는 것이 아니라 한 존재가 다른 존재와 만남으로써 이후에 생겨나는 하나의 현상이다. 그래서 그에게 현상(학)이란 "자신을 내보이고 있는 그것을, 그것이 자신을 그것 자체에서부터 내보이고 있듯이, 그렇게 그것 자체에서부터 보이게 해줌apophainestai ta phainomena"2, 간단히 말해 '존재' 혹은 '존재의

정신중심주의와 기의중심주의에 대한 발본적인
성찰과 미적 대상과 미적 체험의 분리 불가능성에
대한 논의로 구체화됐고, 이는 미학이 분과
학문의 이름으로 호명되기 훨씬 이전부터 예술의
고유한 작동 방식이자 특수한 감각 체계를 일컫는
말이었다는 사실을 새삼스레 강조하며 본령으로
되돌아가려는 움직임을 촉발했다. 바뤼흐 스피노자,
앙리 베르그송, 질 들뢰즈, 펠릭스 가타리 등 '지각하는
신체'를 강조했던 철학의 고유 명사를 재독하는
이론적 경향과 더불어 주체가 예술의 대상과
접촉/분리될 때 발생하는 즉각적인 감각, 감(수)성,
지각 방식 및 전달 경로 등에 대한 연구 및 비평이
촉발된 것이다.

　　　이런 견지에서 언급할 만한 현대 이론의
주요한 흐름은 문화예술을 하나의 현상으로서
파악하려는 시도나 몸의 직접적인 감응 및 반응을
실천 및 비판이론의 차원에서 의미화하려는 노력이다.
'현상학Phenomenology'과 '프래그머티즘Pragmatism' 미학,
'정동 이론Affect Theory' 등으로 뻗어져 나가는 이 시도들은

몸에 관한 이론적 이해

미학이라는 불가능한 시도

미학은 자주 아름다움, 더 엄밀히는 '감성적 인식'에
관한 학문으로 규정되곤 한다.[1] 이는 미학이
관념적이거나 사변적이라는 흔한 편견이 오해인
것만은 아니라는 걸 암시하는데, 데카르트
이래 서구 철학은 이성과 감성의 엄격한 위계를
긍정해왔고 (감성이 아니라) 감성적 '인식'이라는
표현이 시사하듯이 근대 미학 역시 그 기조를
이어받으며 성립됐기 때문이다. 그렇게 미학은
오랫동안 미적 경험과 판단, 가치, 기준, 대상 등을
탐구하면서도 그것을 전적으로 지적이거나
정신적인 활동으로만 간주해왔다.

　　　미학의 좁은 이해는 20세기 후반에 들어서면서
급격한 굴절을 맞이한다. 미학의 관심이 세계에
감응하는 일과 그에 관련하는 주체 및 대상에게
있다면 '육체적인 것'과 '정신적인 것'이라는 낡은
대립을 넘어 그 경계에 놓인 몸에 관심을 기울여야
한다는 필요성이 대두된 것이다. 목소리는 서구의

---

[1]　볼프강 벨슈, 심혜련 옮김, 『미학의 경계를 넘어』(향연, 2005)

05 이 책을 읽기 전에
몸이라는 전장에서 /
다원의 몸으로부터

15 몸에 관한 이론적 이해
미학이라는 불가능한 시도

31 리듬 인지
40 어쩌면 영원할 미룸
50 어떤 죽음과 탄생

63 음악 아닌/없는 음악 듣기
72 말 바깥에서
83 침묵 안팎의 집

97 도망으로부터
107 맨얼굴 앞에서

119 조용한 희망들
131 현기증의 편지

143 부록
인덱스 단어

169 편집자의 말
공터에 서 있는 여정

182 참고문헌

- 목차

거꾸로 페이지를 들추어도 좋다.

가나다순으로 나의 이름이 맨 앞에 쓰였을 뿐
세 명의 저자가 한마음으로 고민하고 쓴 결과물임을
밝힌다. 이 책을 핑계로 다양한 예술 작품과
일상의 장면들, 그 자리에서 자라난 정서적 굴곡들을
서로 나누는 소중한 몇 년을 보냈다.

예술 작품이 선사한 일상적 동요에
일렁이면서도 대문자 이론과 사적인 경험 사이
채워지지 않는 무언가를 느끼는 이들에게
이 책이 일종의 수행적 대안이 될 수 있다면 더할
나위가 없겠다. 그렇게 발견하고 저항하고
실천함으로써 형언하는 몸들로 나아가기를.

2025년 9월
이하림, 한송희를 대신하며
김호경

안팎의 조각난 소리와 침묵을 사유한다.

'보는 몸'에서는 아우슈비츠 수용소를 무대로 삼는 영화 〈사울의 아들〉을 화두로, 부끄러움의 감각을 외면하지 않고 '열린 신체'로 마주하는 과정과 그 의미를 말한다. 전쟁을 치른 여자(영화 〈피닉스〉의 주인공 넬리)의 얼굴을 구성하는 감각들, 그리고 그 얼굴을 얼마간 '나'의 얼굴에 담아내는 행위를 이해하고자 했다.

'쓰는 몸'에서는 출산의 경험으로 마주한 낯선 감각들과 나 자신, 그리고 세계를 인식하는 새로운 눈에 관해 이야기한다. 쓸 수 없는 (사회정치적) 풍경과 쓰지 못함의 마음, 쓰는 몸의 부조화로부터 보내는 편지를 마지막에 실었다.

머뭇거림과 무기력, 답보의 감각과 그럼에도 그리는 희망에 관한 이 마지막 편지에서조차 끝끝내 마침표를 찍지 못한 우리는 우리 안에서 정의되지 못한 채 자꾸만 부유하는 몇몇 단어를 따로 떼어 짧은 글로 정리해 덧붙였다. 일종의 색인 작업으로 처음부터 순서대로 읽어도 좋고, 아니면 이 짧은 사유로부터

이하림은 「어쩌면 영원할 미룸」「침묵 안팎의 집」
「맨얼굴 앞에서」「현기증의 편지」를, 한송희는
「어떤 죽음과 탄생」「말 바깥에서」「도망으로부터」를
썼다. 읽기/듣기/보기/쓰기 행위는 끊임없이
그 감각을 서로 전이시키기에 장 구분을 명확하게
밝히지는 않기로 했다.

　　　그럼에도 이해를 돕기 위해 요약하자면,
'읽는 몸'에서는 자본주의 사회에서 시인의 태도로
반복과 창조의 순환적 리듬을 찾아내려는 시도에 관해
썼다. 연구자로서 책상 의자에 앉은 채로 시시각각
움직이는 현장을 넘어 보며 느끼는 한계와 부채감,
그리고 학문장 내부의 곤란으로부터 '여성적 글 읽기'의
세계로 나아가는 마음을 담았다.

　　　'듣는 몸'에서는 사라짐으로써 존재의 가치를
발현하는 음악과 과심미화된 세계에 남은 '나'에
관해 이야기한다. 또한 '상실의 공동체' 안에서 말이
되지 못하고 노래로 돌아온 것들을 마주하며 애도와
침묵으로 그 부재를 채우는 마음을 적었다. 국경과
집이라는 경계를 넘나들며 포개어지는 난민 캠프

이 책은 자기 인식 혹은 수행적 글쓰기, 사회적 상상력을 재구성하기 위한 시도의 하나로 설명할 수 있다.

이 책은 현상학, 정동 이론, 그리고 몸미학이라 일컬어지는 연구 분야와 결을 같이한다. 몸을 둘러싼 학문적 계보와 다양한 이론 등에 대한 이해를 돕기 위해 한송희가 다음에 이어질 「미학이라는 불가능한 시도」라는 글을 썼다. 짧은 글로는 다 담을 수 없는 방대한 내용이지만, 기본적으로 '나'를 세계의 일부로 보고, 모든 관계의 행위가 '나'의 의식 그리고 육체에 대한 인식으로부터 이루어진다는 시각에서 출발한다. 육체적 경험을 불가피하고 의미 있는 경험의 차원으로 인식하고, 궁극적으로 철학을 경험에 대한 탐구 혹은 바람직한 삶의 방식에 대한 탐구로 여긴다. 또한 우리 자신의 생생한 경험에 대한 구체적인 검증 및 개선을 이루는 '몸의 학'의 필요에 공감한다.

'읽는 몸', '듣는 몸', '보는 몸' 그리고 '쓰는 몸'으로 느슨하게 갈래짓고 대략적인 분량만 정해놓은 채로 흩어졌다 다시 모이기를 반복했다. 나는 「리듬 인지」 「음악 아닌/없는 음악 듣기」「조용한 희망들」을,

세 사람이 모인 이유로 무용이나 연극 등 더 다채로운
예술 장르를 포괄하지 못한 아쉬움을 미리 밝힌다.
　　　그간 각자 여러 영역에서 학술적·비학술적
글쓰기를 해왔음에도 매우 낯설고 생경한 경험이었음을
우리는 회고한다. 우리가 두르고 있던 학문적 외피는
논리를 정립해가는 기반과 틀이 되었지만, 때로는
그 권위에 종속시킴으로써 무언가를 계속해서
잃어버리는 감각을 주기도 했다. 우리는 각자 체득하고
축적한 언어를 짊어진 채 우리를 둘러싼 실세계와
예술 세계를 부지런히 오가며 몸을 통한 분명한
감각에 집중하고 몸을 경험하는 미적 성질에 초점을
두고자 했다.
　　　이러한 과정을 거치면서 우리는 자주 길을 잃는
기분이었고, 이 잃어버림의 감각은 때로는 실패감처럼
몰려오기도 했지만, 작고 좁은 길들을 내며 지도를
선명하게 그리는 듯한 나름의 의미와 보람이 되기도
했다. 하나의 '나'조차 단일하고 고정된 주체가 아니며
서로 다른 파편으로 이루어진 존재라는 걸, 끊임없이
새롭게 구성되는 존재라는 걸 이제는 안다. 따라서

이 책을 읽기 전에

몸이라는 전장에서 /
다원의 몸으로부터

'몸'에 관한 이야기를 해보자고 몇 년 전 처음 이야기를
꺼냈을 때, 나는 우리가 이렇게 많은 이론과 예술 작품들,
일상의 장면들을 지나오게 될 거라고 결코 생각하지
못했다. 그 시기에 나는 청년기와 장년기 그 어디쯤에서
서서히 몸의 부침을 느끼고 있었고, 출산이라는
폭풍 같은 경험을 통해 몸의 존재를 새삼스레 자각했다.
우리는 '몸미학'이라 일컬어지는 이론들, 이를테면
리처드 슈스터만의 『삶의 미학』 같은 책을 함께 읽고
있었고, 익숙한 몸의 리듬을 전복하는 예술 작품들,
예컨대 영화 〈타르〉 속 케이트 블란쳇의 낯선 (젠더적)
몸의 발화 같은 것에 격앙됐다.

다양한 파편적 이유들로 '몸'이라는 화두를
쓰게 된 우리는 다시 파편처럼 흩어지는 글들을 썼다.
제법 먼 길을 오랜 시간 돌고 돌아 '나'를 주어로 삼는
글을 써 이렇게 모아 펴낸다. 한 학교에서 문화연구를
공부했던 우리는 각자 연구자, 관객 그리고 치열하게
살아가는 인간 개인의 차원을 오가며 이 글을 썼다.
음악 문화를 공부해온 나와, 영화를 기반으로 시각 예술
문화를 주로 연구해온 이하림과 한송희 이렇게

● 알러두기

1. 이 책에 나오는 인용문에는 해당 출처의 서지사항과 쪽수에 따라 쪽수를 표시하였으며,
   자세한 인용 출처 사항은 참고문헌 목록에 밝혀두었다.
2. 단행본 제목은 겹낫표(『 』), 잡지기행물과 예술 제목은 겹화살괄호(《 》),
   단편, 논문, 제목은 홑낫표(「 」), 영화·드라마·음악·프로그램·연극 제목은
   홑화살괄호(〈 〉)로 묶어 표기했다.
3. 인용 출처의 원문 장조는 고딕체로, 이 책의 저자 장조는 굵게 표시했다.
4. 외국 인명이나 용어 등 외래어 표기는 국립국어원의 외래어 표기법을 참고로 하였으나
   통용되기 굳어진 용어나 대중적으로 친숙한 경우에는 통용되는 표기를 따랐다.

아저씨

장흥길
이야기
김홍식

용감하는 몸

윤화수의 림